Accompagner un élève avec PPS ou PPRE
Concrètement, que faire ?

Isabelle Deman

Accompagner un élève avec PPS ou PPRE

Concrètement, que faire ?

Tom Pousse

Éditions Tom Pousse
33, boulevard Arago
75013 Paris

Table des matières

Introduction

Depuis la loi du 11 février 2005, nous accueillons dans nos classes des élèves reconnus handicapés par la **MDPH** pour lesquels un **PPS** doit être mis en place, et qui pourront avoir un **AVS.**

D'autres élèves en grande difficulté auront besoin un **PPRE**.

L'Éducation nationale nous submerge de tels sigles que nous ne connaissons ou ne comprenons pas toujours. Et même si nous savons ce que les initiales veulent dire, nous ne savons pas vraiment exactement ce que cela recouvre ni concrètement ce qu'il faut faire et par quel bout commencer…

PPS, PPRE : deux projets différents qui permettent aux enfants porteurs de handicap et aux élèves en difficulté d'apprendre et de progresser dans le respect de leurs capacités et de leur rythme.

Il importe donc aux enseignants de bien comprendre ce que sont ces projets : leurs objectifs, leurs différences, leurs liens, à qui ils s'adressent, pourquoi et comment.

Comment les mettre en place ? Est-ce obligatoire ? En quoi ce « papier » peut-il véritablement aider un enfant en difficulté ? N'est-ce pas un document de plus qui ne sert à rien ? Comment le remplir ?

Autant de vraies questions que beaucoup d'enseignants, déjà submergés de travail, se posent.

Et pourtant... Prenons le temps de les regarder de plus près :

Analyser les objectifs de ces projets d'aide, se pencher sur les démarches, construire ces documents pour en faire de véritables outils de travail au service de l'enfant en difficulté.

Pas à pas, les PPS et les PPRE permettent aux enfants porteurs de handicap et aux élèves en grande difficulté de s'inscrire dans la réussite. Ce ne sont pas des documents « de plus » mais bien des vrais outils « d'aide pour aider ».

Au long de ce livre, je vous propose d'abord de mieux comprendre ce qu'est la démarche de projet d'aide pour les enfants en difficulté et comment se positionner. Puis nous verrons ce que sont réellement les PPS et les PPRE et, pour chacun d'entre eux, ce qu'en dit la loi. Nous verrons aussi comment concrètement mettre en place chacun de ces projets.

1. Un petit questionnaire...

Je suis régulièrement sollicitée pour animer auprès d'enseignants du premier degré des formations intitulées « Élaborer des PPS et des PPRE ».

Voici un questionnaire que je leur propose en début de formation.

Chacun est libre de le remplir anonymement et de le rendre ou non. Il me permet d'estimer le plus exactement possible le niveau de connaissance des stagiaires et leurs attentes, et de pouvoir répondre précisément à leurs questions.

Voici donc une synthèse des réponses aux questions posées :

Comment estimez-vous votre niveau de connaissance à ce sujet ?

- Flou, faible, très bas, pas très à l'aise, je ne connais pas grand-chose.
- Moyen, je n'ai jamais été formée sur ce sujet.
- Insuffisant.
- Je ne sais pas faire la différence entre un PPRE et un PPS.
- J'ai des connaissances théoriques mais je manque de pratique et de concret.

Quelles sont vos réactions lorsque vous avez à remplir un PPRE ou un PPS pour un élève ?

- Démunie, pas convaincue de son utilité
- C'est lourd ! ... et j'abandonne en cours de route.
- Vais-je aller jusqu'au bout ? En a-t-il vraiment besoin ? Est-ce vraiment utile ?
- C'est fastidieux, c'est compliqué.
- Ça donne du travail en plus.
- Encore un papier administratif.
- C'est plus une surcharge de travail qu'une aide.
- Convaincue qu'il est nécessaire d'en mettre en place, mais complètement désarmée face à la mise en place, la rédaction et le suivi.

- Impression d'en rédiger et tout compte fait, de ne faire qu'une liste de constats.
- Volontaire mais peu sûre de moi.
- Utile pour poser les choses, les objectifs mais je me sens désarmé quant aux moyens.
- Laborieux, ennuyeux à faire mais convaincu de sa nécessité.

Quelles questions vous posez-vous à ce sujet ?

- Comment rédiger ces PPRE, PPS ? Comment les rédiger pour que ce ne soit pas trop lourd au quotidien ?
- Comment faire pour que le PPRE ne soit pas seulement fait pour « être dans les règles » ?
- En quoi, la rédaction d'un document va-t-il permettre à l'élève de progresser ?
- Quels sont les critères et les modalités de remplissage ?
- Pour qui les rédiger ? (PPRE et PPS)
- Comment faire concrètement en classe quand il faut s'occuper du reste du groupe ?
- Comment faire pour que ce document ne « pèse » pas sur tout ce que l'on met déjà en place ?
- Quelles sont les différences entre PPRE et PPS ?
- Quelle est l'utilité de ces documents ?
- À partir de quand et de « quoi » doit-on rédiger un PPRE ?
- Comment être efficace ?
- Comment fixer les objectifs ?
- Quels sont les grands axes qui doivent apparaître dans un PPRE et un PPS ?

- Sur quoi faut-il être le plus vigilant ?
- Y a-t-il des PPRE en maternelle ?

Peut-être vous reconnaîtrez-vous dans certaines de ces questions et de ces réponses ? Vous n'êtes pas seul(e) à vous les poser...

Ce livre a pour objectifs de vous aider à comprendre ce que sont les PPRE et les PPS, à les différencier, à vous aider à les mettre en place.

La démarche de projet vous sera expliquée, vous saurez sur quels outils vous appuyer pour cibler et choisir les objectifs adaptés à chaque élève. Vous saurez évaluer et ajuster ces projets pour avancer pas à pas avec l'élève et le guider vers la réussite.

2. Un projet éducatif, qu'est-ce que c'est ?

Le dictionnaire nous donne l'information suivante sur l'étymologie du mot *projet* : ce mot vient du latin *projectum*, de *projicere* : « jeter quelque chose vers l'avant ».

Un projet est la description anticipée d'une action que l'on va conduire pour atteindre des objectifs que l'on s'est fixé. C'est l'ensemble des actions prévues, programmées, hiérarchisées, qui nous permettront d'atteindre un but prévu. Un projet s'inscrit dans le futur.

Notre vie quotidienne est émaillée de projets divers qui nous mobilisent vers des buts à atteindre. Nous avons un projet de voyage : nous devons penser au transport, à l'hébergement, aux sites à visiter, au circuit, au financement... Nous pensons à réaménager notre intérieur : nous cherchons des idées de décoration, nous achetons le matériel, ou cherchons un entrepreneur à qui nous devrons expliquer ce que nous voulons, etc.

Bref, un projet mobilise. Concevoir un projet, c'est se projeter, imaginer, anticiper, prévoir, organiser, mettre tout en œuvre pour atteindre un but que l'on s'est fixé.

Un projet « éducatif », qu'il s'agisse d'un PPS ou d'un PPRE, relève de ce même concept : se mobiliser, organiser la scolarité, fixer des objectifs et mettre en œuvre des actions pédagogiques et éducatives adaptées et ajustées pour aider un élève en situation de handicap ou en difficulté à apprendre, à progresser, à s'épanouir.

Un projet éducatif n'est pas un document « de plus », obligatoire et inutile. C'est un outil de travail indispensable, au service de l'enfant. C'est aussi un vrai guide pour l'enseignant.

Après avoir vu pourquoi et en quoi les projets éducatifs sont nécessaires, voire indispensables, pour aider les élèves en difficulté en classe ou en situation de handicap, les deux projets : PPS puis PPRE, seront présentés et expliqués. Pour chaque projet, des aides pratiques et concrètes vous seront proposées pour vous permettre une mise en pratique efficace et facile.

Je voudrais vraiment vous convaincre que cette démarche, une fois que vous l'aurez bien comprise, est finalement facile à mettre en place. Elle vous sera, ainsi que pour l'élève une aide précieuse, rassurante et efficace. Une fois cette démarche comprise, en s'appuyant sur des documents pédagogiques adaptés, la rédaction et la mise en œuvre en sont aisées. Finalement votre travail en sera grandement facilité et tous en tireront satisfaction. Ce n'est pas du travail « en plus », c'est du travail « en mieux ».

3. Pourquoi un projet éducatif ? PPS ou PPRE

Pourquoi un projet éducatif ?

Il inscrit (ou réinscrit) chacun dans la réussite.

La grande majorité des élèves en situation de handicap ou en grande difficulté sont happés dans une « spirale de l'échec ». Même s'ils tentent de faire des efforts pour comprendre, pour s'accrocher, les lacunes sont trop vastes, le rythme trop rapide, leurs possibilités limitées, l'écart trop important... Certains vivent cette situation qui les dépasse avec une sorte de fatalisme. *« Pourquoi essayer de m'accrocher puisque de toute façon, je ne comprends pas ? »* C'est l'exemple d'A. en 6°, dyslexique, qui, courageusement, pose sa feuille blanche sur le bureau du professeur au début de la dictée, en disant que ce n'est pas la peine de la faire puisque de toute façon, il aura zéro... Ces élèves décrochent, ne se sentent plus concernés par les apprentissages, n'ont plus le courage d'apprendre ni même d'essayer.

Le projet éducatif va permettre à l'enfant en situation de handicap ou l'élève en difficulté de (re)vivre l'expérience de la réussite, du plaisir de la réussite. Le projet va pointer ce qu'il sait faire et non uniquement ce qu'il « rate ». Enfin ! Il va réussir, à son niveau, ce qu'on lui demande. Et c'est sur cette réussite qu'il va pouvoir s'appuyer pour avancer plus loin.

C'est une démarche positive.

On le sait maintenant, les recherches en neurosciences le confirment par l'imagerie médicale : apprentissages et émotions sont intimement liés.

L'apprentissage réussi créé « un circuit de renforcement positif » et produit de la dopamine. La dopamine est le neurotransmetteur de la récompense et du plaisir que le cerveau libère lors d'une expérience qu'il juge réussie. Nous connaissons ce sentiment de satisfaction lorsque nous trouvons la solution d'un problème, atteignons enfin un but fixé, ou frissonnons en entendant un très beau concert. Et on sait également, à l'inverse, que la peur inhibe les apprentissages. Un enfant parasité ou submergé par la peur ne mobilisera aucun processus cognitif efficace.

Inscrire un enfant dans la réussite, c'est lui montrer qu'il sait faire des choses, qu'il « n'est pas nul ». C'est lui permettre de vivre l'expérience du renforcement positif. Il pourra reprendre confiance en lui et restaurer l'estime de soi qui a été souvent malmenée.

Il faut pour cela pointer avec lui toutes ses réussites : il y a toujours quelque chose de positif à dire sur son travail. Ce sont ces réussites qui serviront de socle pour construire le projet d'aide. Nous en reparlerons page 54.

C'EST UN VÉRITABLE OUTIL DE TRAVAIL.

Non, ce n'est pas « un papier de plus », « un document officiel et obligatoire qui ne sert à rien, juste à être dans la loi ».

Correctement complété, il rassemble tous les éléments qui permettent à une équipe de se mobiliser et de faire progresser l'enfant.

C'est donc un document de référence.

On ne fait plus, chacun de son côté, ce que l'on peut, avec notre bonne volonté. **Les actions sont coordonnées, hiérarchisées, cohérentes. On sait d'où l'on part, on sait où on va.**

Le document est, certes, plus long à remplir la première fois, mais, au début, il faut bien connaître la situation. Ensuite, lors des phases d'évaluation et d'ajustement (voir pages 76 et 89), il nécessitera moins de temps.

Au cours de la mise en œuvre (voir page 90), ce document vous servira de référence pour ne pas vous écarter des objectifs que vous avez fixés.

Au fil des différents projets qui s'enchaînent, vous gardez trace de l'évolution du travail conduit tout au long de l'année. Cela vous permet de mesurer exactement le chemin parcouru avec l'élève et ses progrès.

C'est un travail en partenariat.

Les premiers partenaires sont bien sûr les parents. Ils sont les premiers éducateurs de leurs enfants. C'est tout d'abord vers eux que vous vous tournerez pour les informer du projet que vous allez mettre en place ensemble pour aider l'élève.

C'est un travail en équipe au sein de l'établissement et avec les partenaires extérieurs : les psychologues scolaires, les professionnels de la santé et les professionnels des services sociaux, les animateurs des activités périscolaires, les maîtres spécialisés, l'enseignant référent (pour le PPS)

Travailler en partenariat permet des regards croisés sur la difficulté de l'élève. Ces regards peuvent être particulièrement intéressants lorsque l'élève présente des difficultés de comportement. Selon les adultes et les situations, l'élève peut avoir des comportements différents qu'il peut être intéressant de confronter en équipe.

Ne pas rester seul face à une difficulté. En parler, rechercher ensemble des solutions est beaucoup plus efficace que seul. (Même si certaines équipes pédagogiques sont en nombre très limité : deux ou trois enseignants.)

Il permet de faire évoluer des situations difficiles.

Certains élèves sont en telle difficulté (comportement, apprentissage) que la situation semble bloquée. D'un côté, l'enseignant ne sait plus quoi faire, comment faire, se sent seul face à cette situation, ne sait pas par quel bout commencer. En parler avec ses collègues en salle des profs ou dans un couloir permet peut-être de se soulager mais ne fait pas avancer le problème.

De l'autre côté, l'enfant est enferré dans une situation dont il ne sait plus comment se dépêtrer.

Un projet éducatif permet de faire le point, de s'arrêter, de faire le bilan de la situation en partenariat. Il donne du recul sur une situation difficile par l'analyse et la réflexion : pourquoi en sommes-nous là ? Quels sont les éléments déclencheurs ? Que pouvons-nous faire pour que la situation évolue ?

Il permet de prendre des décisions concrètes qui vont aider l'enfant et guider l'enseignant dans son travail auprès de lui.

Il est pratique, faisable, concret.

Il s'agit de décider très concrètement des actions à mener ou des aménagements à prévoir pour aider l'élève à progresser.

Ces décisions seront indiquées clairement sur le document, qu'il s'agisse d'objectifs pédagogiques ou comportementaux.

Les objectifs seront ciblés, hiérarchisés et en nombre limité. Ils seront fixés pour une période déterminée : 6 à 8 semaines pour le PPRE, 1 an pour le PPS. Vous trouverez page 82 des indications et des outils pratiques qui vous aideront à fixer les objectifs adaptés aux besoins de l'élève.

Il formalise des décisions prises.

Il ne s'agit pas de décisions prises au détour d'un couloir ou d'intentions louables et apparemment sincères mais qui pourraient rester des paroles en l'air. Les décisions sont

« couchées sur le papier », rédigées, mises en forme. **Elles sont un contrat signé par les différents partenaires sur un document formalisé.**

Il engage les différents partenaires.

Ce contrat engage tous les partenaires qui y apposent leur signature. C'est le directeur ou chef d'établissement qui est garant du PPRE.

Le PPS est coordonné par l'enseignant référent sous couvert du chef d'établissement qui veille à la prise en compte projet personnalisé de scolarisation dans le projet d'école.

Il autorise les adaptations nécessaires.

Il arrive que des enseignants mettent en place des aménagements pour un élève, sentant bien que c'est nécessaire. Certains se posent la question de savoir si c'est vraiment bien, s'il faut procéder de cette façon. Certains n'en parlent pas aux collègues...

Avec un PPRE ou un PPS, les adaptations sont clairement mentionnées, les parents savent exactement ce qui est fait pour leur enfant, et les collègues, l'année suivante, savent ce qui a été fait. La situation est claire pour tout le monde.

Il est vivant et souple, il peut s'ajuster sans cesse.

Les objectifs fixés en début de période peuvent se révéler au-dessus ou en-deçà des compétences de l'élève : nous aurons surestimé ses compétences, il faudra fragmenter les objectifs pour avancer plus doucement. Ou, à l'inverse, l'élève aura finalement avancé plus vite que prévu et il est alors inutile d'attendre la fin de la période pour adapter les objectifs. **Un projet n'est pas un document qui fige une situation.** Il doit s'adapter sans cesse à l'élève.

Il est limité dans le temps et évaluable.

Un PPRE est remis à jour plusieurs fois au cours de l'année. Une période de travail dure de 6 à 8 semaines. Cela permet d'évaluer les progrès de l'élève et de fixer d'autres objectifs pour la période suivante.

Un PPRE qui durerait 6 mois n'a pas de sens car il s'agit d'avancer au plus près des progrès de l'élève.

Un PPS est révisé une fois par an au cours d'une réunion de l'ESS (page 46).

C'est un document formalisé.

Nous verrons plus loin ce que doivent contenir les différents projets. Chaque académie a ses exemplaires de PPS. Les formulaires de PPRE varient selon les académies ou même selon les écoles. Vous trouverez un exemplaire type pages 97-98.

4. Quelle démarche pour un projet d'aide ?

Qu'il s'agisse du PPRE ou du PPS, la démarche à mettre en place pour ces deux projets est la même :

- Constat, observation, demande.
- Analyse de la situation.
- Évaluation des besoins.
- Synthèse avec les partenaires.
- Quels objectifs et moyens nécessaires ?
- Formalisation du document.
- Mise en œuvre.
- Évaluation des résultats.
- Ajustement des objectifs.

Il faut suivre, les unes après les autres toutes les étapes de cette procédure pour que le projet puisse être conduit de façon efficace.

Toutes ces étapes sont expliquées pages 49 et 64.

5. PPS et PPRE

PPS ou PPRE ? En quoi ces deux projets se ressemblent et se différencient-ils ? Quels sont les liens entre eux ? Pour qui ? Pourquoi ? Quand ? Comment ?

Les deux projets seront successivement présentés dans ce livre : d'abord les PPS puis les PPRE.

Chaque projet sera d'abord présenté dans le cadre de la loi : textes législatifs et circulaires du ministère de l'Éducation nationale. Ce passage est incontournable : notre travail s'appuie sur un cadre légal que nous ne pouvons ignorer, il nous guide dans nos démarches et nous permet d'agir en toute légitimité. **Connaître la loi permet aux parents et aux enseignants de faire valoir leurs droits, de savoir quoi faire et comment le faire.**

Cependant la lecture de ces textes est souvent difficile, voire rebutante. C'est pourquoi j'ai tenté de les expliquer clairement en extrayant les passages concernés et en les mettant en lien avec la pratique.

Ensuite, les caractéristiques et les démarches propres à chacun des projets sont explicitées, pour vous aider à mieux les comprendre : à qui s'adressent-ils ? Comment les mettre en place ? Pour chaque projet, je vous explique les démarches et vous propose une méthodologie qui devrait vous permettre de les mettre en place de la façon la plus pertinente et efficace.

Il y a pour chaque projet de nombreux renvois d'un chapitre à l'autre, car, si ces deux projets sont différents et ne s'adressent pas au même public, ils ont toutefois des points communs. Pour éviter trop de redites et pour montrer les liens entre les projets, j'ai préféré procéder ainsi.

Cependant, à propos des **liens entre les deux projets**, on peut déjà indiquer ce qui suit :

- Ces projets sont tous deux destinés à accompagner des élèves qui ont besoin d'une aide particulière et adaptée dans le cadre de leur vie scolaire.
- Ils concernent les élèves en situation de handicap et les élèves dits « en difficulté », donc une population de classe qui a besoin d'être spécialement accompagnée dans ses apprentissages.
- Ils formalisent les aides à mettre en place à l'école ou dans l'établissement scolaire spécialisé.
- Ils ont une démarche identique dans l'analyse des difficultés, le choix des objectifs de travail, la mise en œuvre et les évaluations.

PPS/PPRE

Un élève en situation de handicap pour qui un PPS a été mis en place, peut avoir besoin, comme tout autre élève, d'un PPRE, si nécessaire. Si l'enseignant estime que cet élève a besoin d'une aide ponctuelle plus soutenue à un moment de sa scolarité, il pourra prendre la décision de mettre en place un PPRE pour une période déterminée.

Cela veut dire qu'un élève qui a un PPS n'a pas obligatoirement besoin d'un PPRE. Les aménagements et adaptations prévus par le PPS peuvent lui être suffisants.

LES PPS

1. Accueillir dans sa classe un élève porteur de handicap

La loi du 11 février 2005 pour l'égalité des droits et des chances, la participation et la citoyenneté des personnes handicapées affirme le droit pour tous les élèves porteurs de handicap à une scolarisation en milieu ordinaire, dans leur école de secteur, au plus près de leur domicile. Cette loi renforce les actions en faveur de leur scolarisation par la mise en place d'un Projet personnalisé de Scolarisation (PPS).

Cette décision a provoqué bien des émotions et des réactions vives en salle des professeurs… Allions-nous devoir accueillir des « élèves handicapés » dont nous ne saurions pas nous occuper ? « Ce n'est pas notre travail, nous ne savons pas faire, nous ne sommes pas formés pour ça. » ou encore « Il n'a rien à faire dans ma classe, celui-là. (sic) »

Ce sont des réactions que l'on pouvait entendre (comprendre ?) car jusqu'alors la politique française concernant la scolarisation des élèves handicapés était de les inscrire dans des établissements spécialisés, quand on pouvait en trouver un et quand il y avait de la place.

Accueillir en milieu scolaire ordinaire des enfants porteurs de handicap peut inquiéter, déstabiliser ou même rebuter des enseignants qui vont avoir à se remettre en question, adapter leur enseignement, ajuster leur posture professionnelle. En effet, comment accueillir un élève porteur de handicap, le faire progresser, adapter l'enseignement pour lui, sans que l'ensemble de la classe n'en pâtisse ? Est-ce vraiment notre métier ? Doit-on accueillir tous les élèves handicapés ? Sur quels moyens humains et matériels supplémentaires pouvons-nous compter ?

Il existe aussi une dimension affective et émotionnelle chez certains enseignants qui peut être un frein à l'accueil de ces élèves, surtout chez les plus petits. Certains s'en défendent par une attitude de rejet qui est plus l'expression d'une inquiétude de ne pas savoir faire ou d'un sentiment d'isolement. Chaque enseignant a sa propre sensibilité et son positionnement sur ce sujet. Certains ont su, d'emblée, ajuster leur posture professionnelle pour accueillir des élèves porteurs de handicap. D'autres ont besoin de temps, de formation pour mieux comprendre et agir en tant que professionnel de l'éducation. Il faut reconnaître que les moyens peuvent avoir du mal à suivre. Cette réforme, comme tant d'autres a besoin de temps. Elle a des limites, certes, mais elle permet aussi de belles réussites d'intégration : un enfant différent demande effectivement plus de travail, mais les interactions créées entre les élèves changent les regards de chacun et permet à tous de vivre dans le respect des différences.

La loi de 2005 a changé en profondeur notre regard sur le handicap, et il était temps !

Il faut d'abord revoir la définition du handicap (page 28) telle que la loi le définit maintenant. Mais au-delà d'un texte de loi, ce sont bien nos représentations et nos attitudes par rapport au handicap qui doivent évoluer : tous les enfants ont droit à l'éducation, c'est un droit fondamental. Les enfants porteurs de handicap comme les autres. Nous sommes enseignants et c'est notre métier que d'enseigner à tous les élèves, qu'ils soient ou non porteurs de handicap.

En 2012-2013, près de 225 560 élèves en situation de handicap étaient scolarisés dans les établissements relevant du ministère de l'éducation nationale : 136 421 dans le premier degré et 89 142 dans le second degré. Ces chiffres, qui augmentent en moyenne de 11 % par an, traduisent l'ampleur de l'engagement de l'État en faveur de l'inclusion des élèves en situation de handicap.

Huit ans maintenant que cette loi est passée. La situation reste encore difficile car, si l'idée d'intégrer les élèves porteurs de handicap dans les classes a bien évolué, les moyens mis en œuvre sont encore beaucoup trop insuffisants. Ne nions pas les difficultés : jusqu'à quel degré d'invalidité pouvons-nous accueillir un élève en classe ? La formation (initiale ou continue) des enseignants est bien insuffisante… De nombreux problèmes humains et pratiques sont posés. Mais, comme on dit « Paris ne s'est pas fait en un jour ». Il faut du temps pour mettre en place un projet si important. Mais **il est de la responsabilité de chacun de s'investir dans ce projet, de s'informer, de se former et de faire au mieux pour chaque élève selon la diversité des situations.**

. La loi du 11 février 2005

La loi du 11 février 2005 « pour l'égalité des droits et des chances, la participation et la citoyenneté des personnes handicapées » a profondément bouleversé les principes de l'action publique en direction des personnes en situation de handicap.

Les premières lignes rappellent les droits fondamentaux de ces personnes et donnent une définition du handicap. Trop d'entre nous en ont une représentation erronée. Pourtant cette représentation est cruciale dans le changement d'approche promu par cette loi de 2005.

« Constitue un handicap, au sens de la présente loi, toute limitation d'activité ou restriction de participation à la vie en société subie dans son environnement par une personne en raison d'une altération substantielle, durable ou définitive, d'une ou plusieurs fonctions physiques, sensorielles, mentales, cognitives ou psychiques, d'un polyhandicap ou d'un trouble de santé invalidant. »

Qu'est-ce que cela veut dire d'avoir mis les mots dans cet ordre et de les avoir articulés comme cela ? Cela veut dire que **le handicap n'est pas la déficience**, qu'il **n'est pas l'altération de fonctions**. Le handicap, c'est **la limitation d'activité et les restrictions d'activités à la vie en société.**

Par exemple, pour un enfant, le handicap peut être de ne pas pouvoir fréquenter l'école à plein temps sans que l'on mette en place pour lui des aides adaptées. Il ne pourrait absolument pas réussir sans ces aides. S'il bénéficie d'aides adaptées à ses besoins, il devient alors capable d'apprentissages en milieu ordinaire ou spécialisé.

Le handicap est donc bien une limitation d'activités et de participation. Il ne faut pas le confondre avec la déficience ou l'altération de fonctions.

On ne considère plus les personnes isolément avec leurs caractéristiques personnelles mais on tient compte des caractéristiques de leur environnement. Cette loi envisage le handicap dans sa dimension sociale, c'est-à-dire en prenant en compte la situation de la personne dans son environnement. Nous sommes passés d'une conception selon laquelle le handicap était pensé comme une dimension personnelle résultant d'une déficience ou d'une altération des fonctions, à une conception interactive et sociale, selon laquelle le handicap se définit comme la situation singulière d'une personne handicapée par son environnement.

Deux principes en découlent : l'accessibilité (accès à tout pour tous) et la compensation (mesures individuelles rétablissant l'égalité des droits et des chances).

En matière de scolarisation, **l'accessibilité** se traduit, par exemple, par l'inscription dans l'établissement scolaire de secteur ; l'accès au savoir grâce aux adaptations pédagogiques individuelles ou collectives ; l'accès à l'ensemble des locaux et des matériels nécessaires pour une scolarisation, dans la mesure du possible ; la mise aux normes des bâtiments scolaires et des équipements culturels et sportifs.

La **compensation** peut inclure l'accompagnement en milieu scolaire par un auxiliaire de vie scolaire, la prise en charge de l'enfant par les professionnels des établissements médico-sociaux, le droit au transport.

Cette évolution doit se marquer dans le langage : plutôt que de parler « de personnes handicapées », on devrait dire : « personnes en situation de handicap ou personnes porteuses de handicap. »

Je cite souvent, dans un contexte bien différent, l'exemple des courses hippiques. Il y a des courses à handicap, dans lesquelles les chevaux portent un poids supplémentaire attribué par le handicapeur, qui tente par ce moyen d'égaliser les chances de chaque concurrent.

Par ce poids rajouté, le handicap, le cheval souffre alors d'une limitation de ses performances.

Il n'est question là ni de déficience ni d'altération de fonctions.

Vous voyez bien à quel point il est fondamental de comprendre cette définition et de dissocier l'altération de fonctions d'une part et le handicap de l'autre. En tant qu'enseignant, nous ne pouvons rien contre l'altération de fonction mais nous pouvons agir contre le handicap nous pouvons réduire l'écart et aplanir certaines difficultés pour faciliter l'accès aux apprentissages des élèves.

Un petit dessin est parfois plus efficace qu'un long discours :

Sur ce dessin le handicap n'est pas l'altération des fonctions motrices de cette personne. Le handicap, c'est l'escalier que cet homme ne peut pas monter. Parce qu'il y a des escaliers infranchissables, il ne peut accéder au boulot. Si on prévoit, selon le principe d'accessibilité, des aménagements il pourra alors travailler comme les autres.

Dans nos classes, selon les principes d'accessibilité et de compensation, nous pouvons agir pour réduire le handicap en mettant en place des aides personnalisées, c'est ce que propose de faire le PPS.

3. LA MDPH : Maison Départementale des Personnes Handicapées

La loi du 11 février 2005 a instauré le principe d'un « guichet unique » pour faciliter l'accès aux droits et prestations des personnes handicapées. Ce guichet unique est la Maison Départementale des Personnes Handicapées (MDPH)*.

Créées en 2006 pour répondre aux orientations de la loi du 11 février 2005, les MDPH sont des lieux d'accueil, d'information et d'orientation. Elles ont pour but d'offrir un accès aux droits et aux prestations relevant de leurs compétences.

En ce qui concerne plus particulièrement l'école, les MDPH ont

- **une mission d'évaluation :** à partir du projet de vie et des demandes formulées par les personnes handicapées ou par les parents des enfants handicapés, la MDPH met en place et organise une équipe pluridisciplinaire au sein de la CDAPH chargée d'évaluer les besoins de la personne. Elle propose un plan personnalisé de compensation du handicap (PPC)
- **une mission de suivi :** elle est chargée de suivre la mise en œuvre des décisions de la CDAPH et du plan personnalisé de compensation. Elle veille à la mise en œuvre des orientations en établissement. Elle est aussi tenue informée de toute création de places en établissement médico-social.

---

* Vous trouverez l'adresse de la (ou des) MDPH de votre département sur le site de la Caisse nationale de solidarité pour l'autonomie : http://www.cnsa.fr

4. Le dossier d'inscription à la MDPH

Ce sont les parents qui prennent contact avec la MDPH. On dit qu'ils font une saisine. Ils auront à remplir le « formulaire de demande auprès de la MDPH ». Ce dossier d'inscription, outre les renseignements légaux et administratifs contient des renseignements médicaux, psychologiques et scolaires. Cette démarche peut être longue et fastidieuse. Il faut en effet souvent plusieurs mois pour avoir un rendez-vous spécialisé, et plus de temps encore pour en obtenir le compte-rendu. Ce dossier est long à constituer mais il doit absolument être complet sous peine d'être rejeté par la MDPH qui n'aurait pas tous les éléments nécessaires à son analyse. Les parents peuvent demander de l'aide à l'enseignant référent qui pourra les assister pour monter et vérifier le dossier*.

Les enseignants, pour leur part, doivent compléter une feuille de renseignements scolaires et **fournir des exemples de travaux significatifs des difficultés de l'élève**. Ce document est très complet et pourrait sembler fastidieux à remplir. Cependant, il compte pour beaucoup dans le travail d'évaluation de la CDAPH (Commission des Droits et de l'Autonomie des Personnes Handicapées).

Ces formulaires de renseignements scolaires se présentent différemment selon les MDPH mais ils comportent tous les mêmes rubriques : après les informations sur l'état civil et le

* Toutes les démarches à suivre sont expliquées sur le site de l'Éducation nationale :
http://www.education.gouv.fr/cid207/la-scolarisation-des-eleves-handicapes.html

parcours scolaire de l'élève, vous aurez à indiquer les aides déjà mises en place pour lui, dans l'école et à l'extérieur. Puis vous aurez à donner les informations relatives à son comportement et ses attitudes scolaires ainsi qu'une évaluation de ses compétences dans les domaines de la maîtrise de la langue et des mathématiques, sans oublier d'y ajouter ses résultats aux évaluations nationales.

Tous ces renseignements sont peut-être les préliminaires d'un futur PPS. C'est pourquoi ils doivent être complétés avec soin et au plus juste des capacités de l'élève. C'est déjà une première forme d'aide pour lui.

5. L'enseignant référent

Qui est-il ?

« Un enseignant titulaire du CAPA-SH (Certificat d'aptitude professionnelle pour les aides spécialisées, les enseignements adaptés et la scolarisation des élèves en situation de handicap.) ou du 2CA-SH (Certificat complémentaire pour les enseignements adaptés et la scolarisation des élèves en situation de handicap) exerce les fonctions de référent auprès de chacun des élèves handicapés du département afin d'assurer sur l'ensemble du parcours de formation la permanence des relations avec l'élève, ses parents, ou son représentant légal*. »

* Décret n° 2005-1752 du 30 décembre 2005 relatif au parcours de formation des élèves présentant un handicap.

L'enseignant référent met en lien les parents, l'équipe pluridisciplinaire de la MDPH, l'établissement scolaire et les services de soin.

« Il est, au sein de l'Éducation nationale, l'acteur central des actions conduites en direction des élèves handicapés*. »

Il exerce ses fonctions de référent auprès de tous les élèves porteurs de handicap, qu'ils soient intégrés dans une classe, orientés en SEGPA ou EREA, ou scolarisés à domicile.

Il intervient également dans le cadre des unités d'enseignement qui permettent de proposer un temps de scolarisation au sein des hôpitaux de jour, des IME et des ITEP.

Chaque enseignant référent est attaché à un secteur géographique d'intervention. Ces secteurs sont vastes et les dossiers très nombreux, c'est pourquoi l'enseignant référent de votre secteur peut être difficile à joindre. Il faut parfois attendre avant de pouvoir le rencontrer mais il fait son possible pour répondre à toutes les demandes.

L'enseignant référent assure la cohérence de la prise en charge sur l'ensemble du parcours de formation de l'élève. Il est la mémoire du parcours scolaire de l'enfant puisque, tant qu'il reste sur son secteur d'intervention, il le suit tout au long de la scolarité, de la maternelle jusqu'aux études supérieures.

* Arrêté du 17 août 2006 relatif aux enseignants référents et à leurs secteurs d'intervention.

Quelles sont ses missions ?

① **Il informe et conseille les parents,** notamment, au moment de la saisine.

Il est alors l'interlocuteur privilégié des parents.

Il peut être invité par le directeur d'école ou chef d'établissement à assister aux réunions de l'équipe éducative, en vue d'informer et d'aider une famille à saisir la MDPH dans les meilleurs délais.

Il peut servir de médiateur et aider à la recherche de la solution la plus appropriée dans le cas d'une divergence d'appréciation entre une équipe enseignante et une famille sur la nécessité d'une saisine à la MDPH (Voir page 32).

② **Il aide à mettre les parents de l'élève porteur de handicap en relation avec les différents partenaires.** Il favorise l'articulation entre les actions conduites par les équipes pédagogiques des établissements scolaires, des établissements de santé ou médico-sociaux, et les autres professionnels intervenant auprès de l'élève. Par exemple, le SESSAD (Service d'éducation spéciale et de soins à domicile) peut, sur décision de la CDAPH, intervenir à l'école auprès d'un enfant qui a besoin de soins. Il faut alors en informer l'école et organiser l'emploi du temps de l'élève.

L'enseignant référent peut aussi se poser en médiateur en cas de divergences entre les parents et les différents partenaires.

③ **Il suit la mise en place du PPS** et contribue à l'évaluation des besoins de l'élève.

Il réunit et anime les ESS (voir page 46) en vue de la mise en place et du suivi des PPS. C'est lui qui en rédige les comptes-rendus. Il réunit l'ESS au moins une fois par an pour voir si le PPS est adapté ou pas aux besoins de l'enfant et le réévaluer.

C'est au cours de ces réunions que l'enseignant référent va analyser les besoins de l'élève porteur de handicap dans le cadre scolaire. C'est par son intermédiaire que les parents peuvent demander la présence d'un AVS ou du matériel adapté.

L'enseignant référent assure le lien entre l'ESS et l'équipe pluridisciplinaire d'évaluation de la MDPH à qui il transmet tout document relatif aux compétences et besoins en situation scolaire de l'élève.

④ **Il veille à la cohérence du parcours scolaire** de chaque élève et au bon déroulement des transitions entre les divers types d'établissement que l'élève peut être amené à fréquenter tout au long de son parcours de formation.

⑤ **Il recrute et gère les emplois du temps des AVS** et EVS.

6. Accueillir, oui mais comment ?

« Dès l'âge de 3 ans, si leur famille en fait la demande, les enfants handicapés peuvent être scolarisés à l'école maternelle. Chaque école a vocation à accueillir les enfants relevant de son secteur de recrutement. Pour répondre aux besoins particuliers des élèves handicapés, un projet personnalisé de scolarisation (PPS) organise la scolarité de l'élève, assorti des mesures d'accompagnement décidées par la commission des droits et de l'autonomie des personnes handicapées (CDAPH). La scolarisation peut être individuelle ou collective, en milieu ordinaire ou en établissement médico-social*. »

Les parents d'un enfant ou adolescent porteur de handicap s'adressent à l'école de leur secteur pour y inscrire leur enfant. Cette école sera dès lors leur « établissement scolaire de référence ».

PLUSIEURS SITUATIONS PEUVENT ALORS SE PRÉSENTER :

① L'élève fréquente l'école de son secteur en intégration individuelle dans une classe. Selon les situations, sa scolarisation peut se dérouler sans aucune aide particulière ou avec l'assistance d'une AVS, lorsque ses besoins l'exigent.

② L'élève intègre la CLIS (école primaire) ou l'UPI (école secondaire), s'il y en a une dans son établissement référence.

---

* Circulaire n° 2002-113 du 30-4-2002.

③ L'enfant intègre une CLIS ou une UPI dans une autre école, car il n'y en a pas dans son établissement de référence. Dans un certain nombre de cas, l'élève handicapé ne peut pas tirer pleinement profit d'une scolarisation complète en classe ordinaire ; les contraintes qui résultent de la situation de handicap peuvent alors trouver des réponses mieux adaptées au sein d'un dispositif collectif de scolarisation. Cette forme de scolarisation consiste à inclure dans une école ou un établissement scolaire ordinaire, une classe qui accueille un nombre limité d'élèves handicapés (en général 12 en CLIS et 10 en UPI).

④ Lorsque les formes de scolarisation en milieu ordinaire décrites en 1, 2 et 3 ne peuvent constituer un cadre de progrès et de réussite adapté pour l'élève en situation de handicap, la MDPH propose aux familles, et avec son accord, une orientation vers un établissement spécialisé du secteur médico-social (IME, ITEP, IEM...) qui correspondra mieux à ses besoins.

Dans les situations ③ et ④, l'inscription de l'élève dans son école de secteur est « inactive ». L'élève est inscrit à l'école de son quartier mais il en fréquente une autre qui deviendra son établissement « principal ».

Reste encore une autre possibilité pour les élèves ne pouvant pas être scolarisés totalement ou partiellement dans les établissements scolaires : celle de l'enseignement à distance par le Centre national d'enseignement à distance

(CNED)*.Pour les élèves handicapés âgés de 6 à 16 ans, le CNED propose un dispositif spécifique, notamment dans le cadre d'un projet personnalisé de scolarisation (PPS) et l'intervention possible, au domicile de l'élève, d'un enseignant répétiteur rémunéré par le CNED.

7. L'inscription à l'école

Au moment de l'inscription à l'école d'un enfant porteur de handicap, plusieurs situations peuvent se présenter.

① **La famille a saisi la MDPH préalablement à toute inscription à l'école.** L'enfant est connu par la MDPH, ses besoins hors situation scolaire ont été évalués, il bénéficie déjà d'un plan personnalisé de compensation (PPC : voir page 43), et il peut éventuellement être suivi par le SESSAD. À l'entrée à l'école, il restera donc à prévoir la mise en place d'un PPS. En ce cas, le directeur, ou chef d'établissement prévient l'enseignant référent pour concevoir les éléments précurseurs du PPS qui pourra être mis en place dès la rentrée.

② **L'élève est connu de la MDPH avec une décision liée à sa scolarité.** C'est-à-dire qu'un PPS est déjà inclus dans le Plan personnalisé de compensation mis en place par la MDPH. Il y a donc lieu de se mettre en rapport avec

---

* Renseignements à l'adresse électronique : http://www.cned.fr/DownloadContactPage.aspx?d=5AISXDIX13

l'enseignant référent et d'appliquer les décisions déjà prises pour la mise en place de ce PPS :

- attribution d'un AVS ?
- dotation de matériel ou aménagement particulier ?
- accompagnement par un SESSAD ?
- orientation en CLIS ou en établissement spécialisé ?

③ **L'élève n'est pas connu de la MDPH.** Deux cas de figure peuvent alors se présenter :

- Les parents souhaitent la mise en place d'un PPS pour leur enfant. Le directeur les met alors en contact avec l'enseignant référent qui les guidera pour la saisine de la MDPH.
- C'est le conseil de cycle qui, après avoir mis en place toutes les aides internes à l'école, souhaite la mise en place d'un PPS pour l'élève. Le directeur réunit alors l'Équipe éducative qui fait part aux parents ou aux responsables légaux de leurs inquiétudes sur la scolarité de l'élève et des possibilités d'aide. Il communique aux parents les coordonnées de l'enseignant référent et en informe celui-ci.

Deux cas peuvent alors se présenter

- Les parents sont d'accord avec les propositions émises, et la saisine de la MDPH suit son cours.
- Les parents ne sont pas d'accord avec la proposition de l'Équipe éducative. Le chef d'établissement adresse alors aux parents un courrier avec accusé de réception (pour faire foi de la date) leur demandant de saisir la MDPH. Les parents ont 4 mois pour prendre contact avec la MDPH. Sans réponse passé ce délai, le directeur en

informe son inspection qui prendra contact avec la MDPH.

Toutes les informations ci-dessus décrivent les procédures légales qu'il est important de connaître. Si les deux premières situations sont les « plus simples », la dernière (quand les parents ne sont pas d'accord), est celle qui est la plus délicate. On ne doit arriver à cette situation qu'en tout dernier recours.

Le cas peut se présenter pour les handicaps qui ne se révèlent véritablement qu'à l'école, comme les troubles dys ou les situations de déficit cognitif. Il faut commencer par mettre en place pour l'élève toutes les aides internes : (différentiation pédagogique, PPRE).

Ensuite, si les inquiétudes de l'équipe pédagogique semblent fondées, c'est par le dialogue avec la famille que la situation peut évoluer. Reconnaître et admettre le handicap de son enfant est très difficile pour des parents. Il faut leur donner du temps. Aller trop vite ne servirait qu'à attiser leur douleur et à les braquer, ce qui irait à l'encontre des intérêts de l'enfant. Les parents doivent pouvoir établir une relation de confiance avec les enseignants qui sauront leur montrer la nécessité d'un projet adapté pour leur enfant.

Voici l'exemple d'une élève, dyslexique, avec qui j'ai travaillé en regroupement d'adaptation tout au long de sa scolarité en primaire. Dès la fin du CP, nous avions commencé à alerter les parents. Ils n'ont été prêts à faire les démarches à la MDPH qu'en fin de CE2. Il faut dire que l'appellation « maison du Handicap » a de quoi rebuter quand on a une petite fille dynamique, souriante et qui a un comportement social tout à fait agréable. L'équipe éducative a su attendre en restant mobilisée pour l'élève et en bonnes relations avec les parents. Le PPS, enfin mis en place en CM1 en plus des aides déjà mises en œuvre par ses maîtres, lui a permis d'avoir une AVS et d'intégrer ensuite une classe de collège spécialisée.

8. LE PPS : qu'est-ce que c'est ?

« Il est proposé à chaque enfant, adolescent ou adulte handicapé, ainsi qu'à sa famille, **un parcours de formation qui fait l'objet d'un projet personnalisé de scolarisation** assorti des ajustements nécessaires en favorisant, chaque fois que possible, la formation en milieu scolaire ordinaire. Le projet personnalisé de scolarisation constitue un élément du plan de compensation visé à l'article L. 146-8 du code de l'action sociale et des familles. Il propose des modalités de déroulement de la scolarité coordonnées avec les mesures permettant l'accompagnement de celle-ci figurant dans le plan de compensation*. »

Le PPS s'inscrit donc dans le cadre plus vaste du PPC (Plan Personnalisé de Compensation du handicap) qui comprend essentiellement deux volets : une Prestation de Compensation du Handicap (PCH), qui est une aide personnalisée destinée à financer les besoins liés à la perte

* Article L112-2 du code de l'éducation.

d'autonomie des personnes handicapées, et le PPS, qui est le volet scolaire du PPC.

PPC
Plan Personnalisé de Compensation du handicap

⇩ ⇩

PCH Prestation de Compensation du Handicap	PPS Plan Personnalisé de Scolarisation

« Un Projet personnalisé de scolarisation définit les modalités de déroulement de la scolarité et les actions pédagogiques, psychologiques, éducatives, sociales, médicales et paramédicales répondant aux besoins particuliers des élèves présentant un handicap*. »

« Le Projet personnalisé de Scolarisation organise la scolarité de l'élève handicapé et assure la cohérence et la qualité des accompagnements et des aides éventuellement nécessaires à partir d'une évaluation globale de la situation et des besoins de l'élève (accompagnement thérapeutique ou rééducatif, attribution d'un auxiliaire de vie scolaire

* Article D351-5 du code de l'éducation.

ou de matériels pédagogiques adaptés, aide aux équipes pédagogiques par un emploi vie scolaire)* »

Que veulent nous dire ces textes ?

Le PPS est un parcours de formation personnalisé : c'est un outil de pilotage de scolarisation propre à chaque élève porteur de handicap. Il est le résultat d'un travail en partenariat. (Équipe de Suivi de la Scolarisation, page 46). Ce qui veut dire que les enseignants ne sont pas seuls en charge du projet. Le PPS s'inscrit dans le PPC et tient compte des besoins de l'enfant dans sa globalité, dans les domaines psychologiques, éducatifs, sociaux et médicaux.

Les enseignants sont, pour leur part, responsables des **objectifs pédagogiques** et des modalités à mettre en place pour réduire le handicap dans le cadre de ses apprentissages (selon la définition donnée page 28). Tout enfant handicapé est de droit un élève : il a accès au savoir, aux compétences et aux savoir-faire. Il peut ne pas avancer au même rythme que les autres élèves mais l'important est qu'il progresse et qu'il soit reconnu dans ses efforts et dans ses réussites.

Pour assurer la cohérence et la qualité des aides, la présence d'un AVS peut être demandée pour seconder l'élève dans son travail. Cette demande est souvent en lien avec un PPS (voir page 37).

Le PPS s'inscrivant dans le PPC, l'Équipe de suivi de la scolarisation peut être amenée à réfléchir aux actions à mener en dehors du temps scolaire. En cette période de

* Circulaire 2006-126 du 17/08/06 : « Mise en œuvre du Projet Personnalisé de Scolarisation ».

changement des rythmes scolaires, les intervenants des ateliers périscolaires peuvent donc être concernés par les dispositions prises dans le cadre d'un PPS.

9. L'Équipe de Suivi de la Scolarisation (ESS)*

De qui est-elle composée ?

- Les parents ou les représentants légaux de l'élève handicapé mineur ou l'élève handicapé majeur.
- Le directeur ou chef d'établissement.
- L'enseignant référent de la MDPH.
- Le ou les enseignants qui ont la charge de l'élève.
- Le(s) psychologue(s) scolaire(s).
- Le(s) conseiller(s) d'orientation.
- Les professionnels de l'éducation et de la santé.
- Le(s) professionnel(s) des services sociaux.

Attention ! **L'ESS ne peut valablement se réunir en l'absence des parents** ou des représentants légaux de l'enfant en situation de handicap. Dans les écoles publiques, le directeur de l'école contribue nécessairement aux travaux de l'équipe de suivi de la scolarisation en vue de veiller à

* Les informations de ce chapitre sont extraites de la circulaire n°2006-126 du 17 août 2006 relative à la mise en œuvre et au suivi du projet personnalisé de scolarisation (PPS). BO n°32 du 7 septembre 2006.

la prise en compte du projet personnalisé de scolarisation dans le projet d'école.

Les membres de l'ESS sont tenus au secret professionnel.

Quelles sont ses missions ?

L'ESS facilite la mise en œuvre et assure le suivi du PPS décidé par la Commission des droits et de l'autonomie des personnes handicapées (CDA). Elle exerce une fonction de veille sur le déroulement du parcours scolaire de l'élève handicapé.

Elle s'assure :

- que l'élève bénéficie des accompagnements particuliers que sa situation nécessite : accompagnements pédagogiques, éducatifs, thérapeutiques ou rééducatifs, aides techniques et humaines... ;
- que ce parcours scolaire lui permet de réaliser, à son propre rythme si celui-ci est différent des autres élèves, des apprentissages scolaires en référence à des contenus d'enseignement prévus par les programmes en vigueur à l'école, au collège ou au lycée.

Pour ce faire, l'équipe de suivi de la scolarisation se fonde sur les expertises du psychologue scolaire ou du conseiller d'orientation-psychologue, du médecin de l'éducation nationale ou du médecin du service de protection maternelle et infantile et, éventuellement de l'assistant de service social ou de l'infirmier scolaire qui interviennent dans l'école ou l'établissement scolaire concerné.

Elle contribue activement à organiser l'emploi du temps scolaire de l'élève.

Dans le but de prendre en compte les besoins particuliers d'un élève handicapé, l'équipe pluridisciplinaire de la CDAPH peut inclure dans le PPS **une programmation adaptée des objectifs d'apprentissage***.

En primaire et au collège, quand l'élève est scolarisé en milieu ordinaire, il peut avoir besoin d'un PPRE en sus du PPS.

En SEGPA, dans les CLIS et les UPI, les enseignants mettent en place des PPI (projet pédagogique individuel).

L'équipe de suivi de la scolarisation est réunie par l'enseignant référent en tant que de besoin mais au moins une fois par an, si possible dans l'établissement scolaire de référence de l'élève.

10. Le volet pédagogique du PPS

Le volet pédagogique du PPS est un document annexe du dossier de saisine de la MDPH.

Le dossier de saisine est constitué de plusieurs volets :

- le volet médical ;
- le volet social et psychologique ;
- le volet pédagogique, appelée aussi « renseignements scolaires et éducatifs pour communication à la MDPH ».

* Dans ce cas, il appartient aux enseignants qui ont en charge l'élève handicapé, de construire cette programmation, et de la formaliser en référence aux programmes scolaires en vigueur.

Ce volet est obligatoire dès lors que l'enfant est scolarisé. Il n'existe pas de cadre national pour l'élaboration de ce volet pédagogique et les documents peuvent avoir des mises en page différentes. Les formulaires sont, bien entendu, différents selon le niveau et l'âge de l'enfant.

Cependant tous présentent les mêmes rubriques :

- Les renseignements administratifs.
- Le parcours scolaire, qui indiquera également si des aides ont déjà été mises en place et de quelle nature.
- **Une évaluation précise des compétences de l'enfant dans les domaines des apprentissages fondamentaux** ainsi que dans ses capacités et attitudes transversales : s'informer, se documenter... Les résultats des évaluations nationales, si besoin, y sont également mentionnés. C'est la partie du dossier la plus longue à compléter. Cependant elle doit être précise et minutieuse.
- Des observations sur l'attitude et le comportement de l'élève dans ses relations avec les autres et ses activités scolaires.
- Une présentation des troubles manifestés à l'école.
- **Une analyse des besoins et des aménagements matériels et humains** nécessaires à l'école. Cette partie est très importante. Il faut que les besoins spécifiques de l'enfant soient pédagogiquement pris en compte : en quoi a-t-il besoin de ces aménagements et pourquoi ? Quels seront pour lui les bénéfices de la présence d'une AVS ?

Ce document est assez « lourd »... Il compte plusieurs pages et vous demandera sûrement de longs moments de travail. Il est cependant essentiel de le compléter avec précision. Ce document sera transmis à la MDPH par l'intermédiaire de l'enseignant référent après la réunion de l'ESS (page 37). C'est un document essentiel à la mise en place du PPC (Plan personnalisé de compensation). Votre rôle est très important mais n'oubliez pas que vous n'êtes pas seul(e) pour le remplir et que vous pouvez faire appel aux partenaires avec qui vous travaillez : directeur, réseau d'aide, médecin scolaire, assistante sociale, intervenants extérieurs ...

Les PPRE

1. Les PPRE : que dit la loi ?

Avant toute chose, vous devez connaître les textes afin de pouvoir vous y référer car ce sont eux qui régissent et guident votre travail.

Je vous citerai au cours de ce livre les extraits des textes officiels (loi, décrets, circulaires, documents d'aide) au fur et à mesure, en lien avec les chapitres traités. Je vous donnerai aussi toutes les références pour trouver sur internet les textes complets. Quand on les comprend mieux, ils sont plus faciles à lire et il peut être utile de s'y plonger pour des compléments d'information.

C'est la « *Loi d'orientation et de programme pour l'avenir de l'école du 23 avril 2005* *» qui introduit et présente les PPRE.

Le « *décret du 24 août 2005 relatif aux dispositions d'aide et de soutien pour la réussite des élèves à l'école* **» présente les PPRE **pour l'école élémentaire** :

---

* Article 16 : http://www.education.gouv.fr/bo/2005/18/MENX0400282L.htm

** publié au BO n° 31 : http://www.education.gouv.fr/bo/2005/31/MENE0501635D.htm

« À tout moment de la scolarité élémentaire, lorsqu'il apparaît qu'un élève ne sera pas en mesure de maîtriser les connaissances et les compétences indispensables à la fin du cycle, le directeur d'école propose aux parents ou au responsable légal de l'enfant de mettre en place un dispositif de soutien notamment un Programme Personnalisé de Réussite Éducative. »

De même, il prévoit le « *dispositif d'aide et de soutien pour la réussite des élèves* ***au collège*** * » :

« Un dispositif de soutien proposé par le chef d'établissement aux parents ou au représentant légal de l'élève, lorsqu'il apparaît que ce dernier risque de ne pas maîtriser les connaissances et les compétences indispensables à la fin d'un cycle. Ce dispositif définit un projet individualisé qui doit permettre la progression de l'élève et son évaluation. Les parents sont associés au suivi de ce dispositif. Le Programme Personnalisé de Réussite Éducative prévu par l'article L311-3-1 du code de l'éducation est mis en place dans ce cadre. Il s'articule le cas échéant avec un dispositif de réussite éducative. »

Ces premières informations sur les objectifs et le public concerné par les PPRE demandent à être expliquées et détaillées, ce que vous trouverez dans les pages suivantes.

* http://www.education.gouv.fr/bo/2005/31/MENE0501630D.htm

2. Le sigle PPRE

Il faut tout d'abord s'arrêter sur chaque mot de ce sigle car chacun est porteur de sens.

Programme

« Le programme personnalisé de réussite éducative (PPRE) insiste dans sa dénomination même sur la dimension de ***programme*** * »*.

Le PPRE est bien un projet d'aide mais le premier mot est « programme » et non « projet ». Il s'agit donc de **« programmer » des actions spécifiques d'aide** qui vont permettre à l'élève d'avancer pas à pas, de s'inscrire dans la réussite. C'est un programme coordonné d'actions clairement formalisé sur un document.

Personnalisé

Ce programme est **adapté aux besoins de chaque élève**. Il s'appuie sur les compétences acquises. Un élève en difficulté n'a pas les mêmes points d'appui ni les mêmes difficultés qu'un autre, donc le programme établi doit correspondre aux capacités de l'élève concerné.

C'est prendre l'élève là où il est, en s'appuyant sur ses compétences, ses connaissances et ses capacités pour lui permettre d'avancer.

* http://www.education.gouv.fr/bo/2006/31/MENE0601969C.htm

Réussite

Ce mot parle de lui-même. L'objectif de ce projet est bien de **rétablir l'élève dans la réussite.** Lui remettre le pied à l'étrier, et lui permettre de vivre l'expérience de la réussite et du désir d'apprendre. Les récentes découvertes en neurosciences montrent à quel point la réussite est un puissant moteur d'apprentissage. La réussite construit l'estime de soi et créé… la réussite.

Éducative

C'est par un ensemble d'interventions qui prend en compte l'élève dans la globalité de sa personne que l'on lui donne des chances d'avancer. Les objectifs de ce programme, bien que ciblés sur les apprentissages fondamentaux, ne sauraient être uniquement pédagogiques **mais ont également un but éducatif**.

Concrètement, cela veut dire que les parents ont une responsabilité et une part active dans ce projet, ainsi que, si besoin, les différents intervenants à l'école – animateurs, ATSEM – ou à l'extérieur de l'école.

3. Quelles sont les classes concernées par les PPRE ?

L'année scolaire 2005-2006 fut la première année d'expérimentation des PPRE. Ces programmes étaient alors prioritairement destinés aux élèves du cycle des apprentissages fondamentaux (CE2, CM1, CM2) et aux élèves de 6° du collège.

Pour l'école, la circulaire n° 2006-051 du 27-03-2006 (BOEN n° 13), concernant la préparation de la rentrée 2006, indique :

« Les PPRE seront généralisés à la rentrée. Ils s'adresseront prioritairement aux élèves qui, dès le CE1, connaissent encore des difficultés dans les apprentissages fondamentaux, notamment en matière de lecture et d'écriture. »

La circulaire de rentrée 2007 n°2007-011 du 9-01-2007 BOEN n°3 annonce que « les PPRE (...) doivent s'étendre aux cycles 2 et 3 de l'école. »

Cette circulaire précise bien que les élèves de grande section de maternelle sont également concernés par ce dispositif, cette classe appartenant au cycle 2.

Qu'en est-il des élèves de petite et moyenne section de maternelle ?

On trouve sur les sites de différentes académies des exemplaires de PPRE pour les élèves de petite et moyenne sections à titre expérimental. Ce choix relève des inspecteurs d'académie et il appartient donc à chacun de se renseigner. On peut s'interroger sur cette démarche mais elle a surtout le mérite d'agir à titre de prévention pour des élèves qui présentent très tôt des difficultés qui pourraient compromettre leur future scolarité.

Au collège, le PPRE a été progressivement étendu au cycle central (5e-4e) et concerne ainsi les trois premières années du collège. Cependant dès la classe de 4e, des dispositifs spécifiques alternant formation en établissement et formation en entreprise peuvent constituer une réponse plus adaptée aux besoins de certains élèves.

Le PPRE concerne donc les classes des cycles 2 et 3 (sans oublier les élèves de la grande section de maternelle) et les 6e, 5e et 4e de collège, mais prioritairement la classe de 6e.

Or on constate qu'il y a vraiment très peu de PPRE mis en place au collège. Se pose alors les questions de savoir pourquoi c'est si difficile et comment envisager de les mettre en place au collège ?

4. Les PPRE au collège

La réticence à mettre en place des PPRE au collège semble être liée à la difficulté de coordonner les actions entre les différentes disciplines. C'est le professeur principal de la classe qui est le référent de ce projet, en lien avec les autres professeurs de la classe. Mais pourquoi y-a-il si peu de PPRE mis en place au collège? Pourquoi est-ce si difficile d'en mettre en place ?

L'évaluation du palier 2 a lieu en fin de CM2 et concerne les 7 domaines de compétences. Les élèves en difficulté au primaire peuvent donc arriver au collège avec un « PPRE passerelle » (page 63). Pour d'autres élèves, c'est au collège que se révèlent leurs difficultés et qu'ils auraient besoin d'un PPRE. Mais comment mettre en place un PPRE au collège ?

Selon la réflexion conduite au sein de l'académie d'Amiens*, il faut mettre en place des dispositifs axés principalement sur un travail interdisciplinaire. C'est la condition essentielle à la réussite des PPRE. Il faut proposer des **objectifs ciblés et transversaux,** des objectifs qui concerneraient l'ensemble des professeurs de l'élève bénéficiant d'un PPRE (page 86).

5. Pour quels élèves ?

Que disent les textes ?

« Les élèves qui risquent de ne pas maîtriser les connaissances et compétences repérées par le socle commun à la fin d'un cycle relèvent d'un PPRE. Il s'agit d'élèves rencontrant des **difficultés importantes ou moyennes dont la nature laisse présager qu'elles sont susceptibles de compromettre, à court ou à moyen terme, leurs apprentissages.**

Les difficultés prises en compte sont prioritairement d'ordre scolaire, en français, mathématiques ou langue vivante 1 (au collège) ; elles peuvent aussi concerner les autres compétences du socle commun. »

---

* http://www.ac-amiens.fr/services-et-informations/recherche/rechercher-sur-le-site/?id=59&tx_kesearch_pi1%5Bsword%5D=PPRE&tx_kesearch_pi1%5BsortByField%5D=score&tx_kesearch_pi1%5BsortByDir%5D=desc&submit=OK

« Il vient **renforcer les efforts des enseignants en matière de différenciation pédagogique** au sein de la classe au profit des élèves pour lesquels la maîtrise des compétences et connaissances du socle commun n'est pas assurée*. »

À PARTIR DE QUAND ET DU « QUOI » DOIT-ON RÉDIGER UN PPRE ? QU'APPELLE-T-ON DIFFICULTÉS IMPORTANTES OU MOYENNES ?

La difficulté fait partie de l'apprentissage. Il est normal de buter sur des obstacles. Les élèves n'empruntent pas tous le même chemin d'apprentissage, d'où la nécessité de varier les entrées pour introduire une nouvelle notion. Certains auront besoin de plus de temps, ou de plus d'entraînement. D'autres auront du mal à se défaire de représentations erronées qui parasiteront l'apprentissage. Cette difficulté est « normale ». Pour y remédier, l'enseignant met en place en classe différentes formes d'aide : différenciation pédagogique, AP, groupes de besoin, aide individuelle, tutorat… Ces activités permettront d'aplanir ces difficultés passagères.

C'est une première étape essentielle qui permet d'éviter que des difficultés ne finissent pas s'ancrer et deviennent plus importantes. Elle est donc la première aide à mettre en place en classe.

Les élèves qui relèvent d'un PPRE sont ceux dont les difficultés résistent à la différenciation pédagogique et aux autres formes d'aide mises en place pour eux. Ce sont ceux

---

* Circulaire n°2005-138 du 25/08/06- Mise en œuvre des PPRE à l'école et au collège.
http://www.education.gouv.fr/bo/2006/31/MENE0601969C.htm

dont les résultats, dans les domaines des apprentissages fondamentaux, restent bien en deçà du niveau attendu malgré les aides déjà mises en place.

Il faut bien comprendre que le PPRE n'est pas la première aide à mettre en place. Il faut d'abord proposer les autres formes d'aide. Quand, malgré toutes ces aides, l'élève reste en difficulté, alors l'enseignant met en place un PPRE pour lui.

Cependant les situations des élèves en difficulté sont très variables, c'est pourquoi il existe différentes catégories de PPRE selon le type de difficultés présentées.

Des élèves en difficulté « moyenne » mais qui résistent aux aides déjà mises en place, auront besoin d'une aide transitoire qui les aidera à reprendre pied. D'autres, en difficulté « importante », trouveront, avec le PPRE, des aides adaptées qui leur permettront de progresser selon leurs capacités et ne pas décrocher de l'école.

6. Les différents PPRE

Bien que toujours identique dans sa démarche, le PPRE s'adresse à des élèves qui ne sont pas tous dans la même situation. Il convient de bien les différencier pour pouvoir apporter l'aide adaptée à chacun.

PPRE de prévention et de remédiation

Prévention

① *« La vocation du PPRE est tout autant de prévenir la difficulté que de la pallier*. »*

Ce PPRE cible les **élèves de Grande Section de Maternelle présentant des difficultés qui pourraient compromettre la maîtrise des apprentissages fondamentaux en CP**. Par exemple, ceux qui ont de grandes difficultés de maîtrise de la langue orale ou qui ont du mal à comprendre le sens des apprentissages. Le PPRE pourra leur permettre de mieux préparer leur arrivée au CP. Il pourra également servir de lien entre les deux classes, en permettant à l'enseignant de CP de mieux cibler les fragilités de l'élève.

Remédiation

① *« Il s'agit d'élèves rencontrant des difficultés importantes ou moyennes dont la nature laisse présager qu'elles sont susceptibles de compromettre, à court ou à moyen terme, leurs apprentissages. »*

Il est destiné aux **élèves de l'école élémentaire et du collège qui présentent des difficultés d'apprentissage**. Dans un premier temps, quand vous constatez les difficultés d'un élève dans la maîtrise des éléments du socle commun, vous devez d'abord mettre en place pour lui des activités adaptées dans le cadre d'une pédagogie différenciée. Peut-être n'a-t-il pas compris la façon dont la notion a été présentée, peut-être a-t-il besoin d'entraînements supplémentaires ou d'une explication particulière ? Si, malgré la mise en place

---

* Les phrases en italiques sont extraites de la circulaire n° 2006-138 du 25-8-2006 : « Programmes personnalisés de réussite éducative. Mise en œuvre des PPRE à l'école et au collège. »

de ces aides, vous constatez que les difficultés persistent, alors vous pouvez envisager la mise en place d'un PPRE qui ciblera des objectifs prioritaires.

② « *Les protocoles nationaux d'évaluation diagnostique, notamment au CE1 et en 6e, (...) permettent aux enseignants de repérer les connaissances, les capacités et les attitudes à acquérir constituant des étapes incontournables dans la construction des apprentissages et d'identifier les élèves devant bénéficier d'un PPRE.* »

Le PPRE est destiné aux élèves qui présentent des **résultats insuffisants aux évaluations nationales**. Cependant, attention ! Des évaluations échouées peuvent avoir de multiples causes ! Il vous faudra tout d'abord comprendre pourquoi les résultats sont insuffisants. La notion est-elle réellement incomprise ou est-ce la passation (temps limité, stress...) ou une mauvaise compréhension de la consigne qui a conduit l'élève à l'échec ? Il importe de savoir vraiment quelle est la cause de l'échec pour pouvoir décider ou non d'un PPRE et des objectifs de celui-ci.

③ Pour les élèves qui sont **passés de justesse dans la classe supérieure**.

Le passage dans la classe supérieure avec une aide adaptée est bien souvent une meilleure réponse qu'un maintien. Un PPRE peut alors être une aide concrète pour aider l'élève à ne pas accumuler de nouveaux retards.

④ Pour les élèves qui présentent **des difficultés de comportement** qui empêchent les apprentissages. Ce sont les élèves qui ont du mal à être élève, qui n'acceptent pas les consignes, qui ne sont pas autonomes, qui perturbent la classe ou au contraire restent très passifs.

PPRE d'accompagnement

Pour les élèves qui sont **maintenus dans un même niveau de classe**, qui « redoublent ».

Le PPRE est alors rempli en juin par l'enseignant qui a suivi l'élève tout au long de l'année. Il est remis à son nouvel enseignant, ce qui permettra à celui-ci de mieux connaître les points forts et les fragilités de l'élève. Si l'élève reste avec le même enseignant (il y a beaucoup d'écoles qui n'ont qu'une classe par niveau), ce document permettra une mise au point, un bilan et pourra permettre à l'enseignant d'ajuster son enseignement.

Peut-être ne sera-t-il pas nécessaire de reconduire le PPRE au-delà de la première période, si les résultats ne le justifient pas.

Ce PPRE d'accompagnement est obligatoire. Le B.O n° 31 du 31 août 2006 le précise clairement*.

PPRE de substitution

① Il s'adresse toujours aux élèves qui présentent des difficultés d'apprentissage mais pour lesquels l'équipe éducative se pose des questions **quant à un éventuel handicap**. On a demandé aux parents de faire des démarches auprès de la MDPH, mais celles-ci peuvent prendre beaucoup de temps… Un diagnostic est en attente,

* http://www.education.gouv.fr/bo/2006/31/MENE0601969C.htm

un rendez-vous est pris dans un centre référent du langage mais il n'aura lieu que dans quelques mois, au mieux...

Que faire en attendant un éventuel PPS ? Surtout ne pas perdre de temps ! Il faut mettre en place un PPRE qui, déjà, permettra d'avancer avec l'élève, de formaliser les aides que vous lui apporterez, et de mettre en place pour lui des aides adaptées. Pourquoi attendre ?

② Il est également nécessaire d'en remplir un pour les élèves qui sont **en attente d'une orientation dans une classe ou un établissement spécialisé(e).** Il permet de continuer à avancer avec l'élève malgré un décalage important par rapport au niveau de la classe. Il permettra aux enseignants de la nouvelle classe de l'élève de mieux le connaître et de savoir ce qui a été mis en place pour lui précédemment.

③ Ce document peut aussi être **un complément au PPS**. Si vous avez dans votre classe un élève qui bénéficie d'un PPS mais qui a besoin d'une aide supplémentaire et plus pointue que celle indiquée dans le PPS, alors, un PPRE est une réponse complémentaire. Attention ! Je ne dis pas que tout PPS doit être complété par un PPRE. Cela dépend des situations mais, comme tout élève, un élève qui a un PPS peut avoir besoin d'un PPRE.

PPRE passerelle

Certains élèves en difficulté à l'école élémentaire bénéficient déjà d'un PPRE dont la continuité doit être assurée au collège. La continuité de ces aides peut se concrétiser dans un PPRE-passerelle, conçu dans le cadre des commissions de liaison par un travail commun entre les professeurs des écoles et les professeurs de français, de mathématiques et les professeurs principaux de sixième. (Voir page 86).

7. La démarche du PPRE

Suite aux aides déjà mises en place en classe, vous constatez que les difficultés résistent et vous décidez de mettre en place un PPRE.

① **Les parents sont des acteurs essentiels du PPRE**. Ils y ont une part active. La première démarche à faire est donc de les rencontrer. Au cours de cet entretien, vous leur expliquerez votre décision de mettre en place ce projet pour leur enfant et pourquoi. C'est pourquoi vous devez bien comprendre la démarche et les objectifs de ce projet pour bien l'expliquer, car il peut inquiéter des parents qui pourraient penser que l'on stigmatise ainsi leur enfant (voir page 42).

② Ensuite, **il vous faudra l'expliquer à l'élève lui-même au cours d'un entretien** (voir page 71). L'élève ne pourra investir l'aide mise en place que s'il a bien compris et réalisé qu'il va pouvoir bénéficier d'une aide particulière et ce qu'il aura exactement à faire.

③ Il faudra ensuite précisément **évaluer ses connaissances et ses capacités** dans les domaines des apprentissages fondamentaux : Ce qu'il sait, ce qu'il ne sait pas, ce qu'il sait faire, ce qu'il ne sait pas faire (voir page 76).

④ À partir des résultats de cette évaluation, vous allez **choisir des objectifs prioritaires en nombre limité** (voir page 84).

⑤ Vous prévoyez une période de mise en œuvre de 6 à 8 semaines. En général, entre deux périodes de vacances.

À l'issue de cette période de travail, vous évaluez les progrès de l'élève.
Soit alors

⑥ **vous ajustez les objectifs** ou en décidez de nouveaux pour la période suivante ;

⑦ ou **vous décidez d'arrêter** car les difficultés de l'élève ont été résolues et une aide ordinaire en classe lui sera désormais suffisante.

Vous répétez les étapes 4, 5, 6 autant que nécessaire au cours de l'année.

En résumé :

1. Prise de décision d'un PPRE.
2. Entretien avec les parents puis avec l'élève.
3. Évaluation.
4. Choix d'objectifs en nombre limité.
5. Mise en œuvre.
6. Évaluation.
7. Ajustement ou arrêt.

8. Entretien avec les parents pour préparer un PPRE

Cet entretien avec les parents est la première démarche à accomplir après avoir pris votre décision de mettre en place un PPRE.

« Invitez » les parents à cette rencontre dont ils connaîtront le sujet à l'avance. Prévoyez de les recevoir dans un lieu adapté et tranquille qui permet la confidentialité et où vous ne serez pas dérangés. (La classe ou un bureau mais pas dans le hall ou le préau…). L'enfant peut y être présent ou non, mais cela doit être décidé à l'avance. Il peut également n'être présent qu'à la fin de l'entretien pour faire le point avec lui.

Fixez à l'avance la durée de l'entretien : suffisamment longue pour avoir le temps d'un vrai échange. Si vraiment ce temps s'avère trop court, vous déciderez alors d'un autre rendez-vous.

Vous pouvez recevoir les parents seul(e) ou en présence d'un autre adulte de l'école impliqué dans le futur projet : maître du RASED, animateur… Pensez bien alors à le présenter au début de l'entretien, en indiquant sa fonction et la raison de sa présence.

Dans certaines situations, le directeur peut jouer un rôle de médiateur.

Adoptez une attitude professionnelle et bienveillante. Sachez montrer aux parents que, et eux et vous, allez travailler ensemble vers un objectif commun : la réussite de leur enfant. Il s'agit de créer une alliance avec les parents et de les impliquer pleinement dans ce projet d'aide. « *Ensemble, nous allons essayer de comprendre les difficultés de votre enfant et de trouver des solutions.* »

N'utilisez pas le « jargon » Éducation nationale. Parlez en termes clairs et compréhensibles par tous.

Commencez toujours l'entretien par des propos positifs sur l'élève.

Tout en évitant toute intrusion dans la sphère privée de la famille, vous pourrez avoir connaissance d'éléments qui vous permettront de mieux comprendre les difficultés de l'enfant : sa situation familiale, son parcours scolaire, des difficultés antérieures, un suivi extérieur…

Vous vous interdirez tout questionnement qui aborderait des domaines sans lien avec la scolarité. Vous veillerez à ne jamais prendre parti en cas de conflit entre les deux parents.

Les difficultés sont abordées objectivement, sous l'angle des constatations et sans jugement. Il s'agit d'exposer des faits, des résultats et non des jugements de valeur (voir page 77).

Vous vous appuyez sur les résultats des évaluations nationales, sur les productions de l'élève ou sur les résultats des observations en classe. Vous informez les parents des aides que vous avez déjà mises en place. Il est important que les parents voient que vous vous êtes déjà mobilisé pour leur enfant, mais que ces aides ne lui sont pas suffisantes.

Ensuite, **vous présentez le projet d'aide, le PPRE**, en expliquant bien quels sont ses objectifs et la façon dont cela se passe. Cet entretien doit se faire sous forme d'échanges à la recherche de solutions à trouver ensemble. C'est pourquoi vous devez bien connaître la démarche et les objectifs de ce projet pour pouvoir l'expliquer clairement aux parents.

En général, les parents sont d'accord et s'engagent dans cette voie au côté de l'enseignant.

À la fin de l'entretien, il est souhaitable de résumer ce qui a été dit ou décidé pour que tout le monde soit bien d'accord, sans oublier de rappeler qu'une prochaine rencontre sera nécessaire pour signer le projet. En cours de projet, il sera nécessaire de faire le point régulièrement avec les parents. Et il faudra également prévoir un rendez-vous à la fin du projet pour faire le bilan.

9. Comment impliquer les parents dans ce projet ?

Voici une liste non exhaustive de suggestions que vous pourrez faire aux parents pour les impliquer dans la réussite du projet

Au niveau matériel et organisationnel

- Organiser pour lui un espace tranquille et réservé au travail scolaire, loin de la télévision.
- Vérifier que l'enfant a bien fait son travail.
- Prévoir un temps de sommeil suffisant, ne pas le coucher trop tard.
- Vérifier régulièrement le cartable et les affaires de l'enfant. Le préparer la veille au soir.
- Remplacer le matériel défectueux.

Dans la relation avec l'école

- Participer aux réunions parents/ professeurs organisées par l'école.
- Rencontrer régulièrement l'enseignant pour faire le point sur le PPRE.
- Ne jamais critiquer l'école ou l'enseignant devant l'enfant. Demander un rendez-vous.
- Respecter les horaires de l'école.
- Signer le cahier de liaison et autres documents de l'école.

Dans les activités proposées à l'école

- Permettre à l'enfant de mettre en pratique ce qu'il a appris à l'école (recettes de cuisine, par exemple)
- L'inciter à écrire : cartes postales, cartes de vœux, ...
- Jouer avec lui à des jeux de société : la bataille, dominos, jeux de dés....
- Lui lire régulièrement des histoires.
- L'inscrire à une bibliothèque.
- L'emmener au musée.

Dans les relations avec l'enfant

- Lui demander régulièrement ce qu'il a appris d'intéressant à l'école, ce qu'il a aimé ou non, s'il n'a pas compris quelque chose.
- Encourager les progrès de l'enfant en lui montrant qu'on est fier de lui.
- Sur un sujet donné ou pour répondre à une question, lui demander d'abord ce qu'il sait.

- Avoir de l'indulgence pour les erreurs qui font partie de l'apprentissage.
- Montrer que l'on croit en ses capacités de faire des progrès.

10. Et si les parents ne sont pas d'accord ?

Il peut arriver que des parents n'adhèrent pas au projet. Ils ne reconnaissent pas les difficultés de leur enfant. Ils pensent que leur enfant ne va « pas si mal », que ce projet le démarquera des autres et le stigmatisera. C'est pourquoi ils le refusent.

Souvent les difficultés de l'élève ont été signalées très tôt aux parents et ont cristallisé des angoisses et des peurs. Il peut être difficile, voire douloureux pour des parents de s'entendre dire et d'admettre que leur enfant est en difficulté. Cela peut les renvoyer à leurs propres difficultés ou briser leur rêve de l'enfant idéal.

Nul part je n'ai trouvé de texte officiel qui indiquerait que l'accord des parents est obligatoire pour un PPRE. Il est mentionné que les parents s'engagent en signant le document mais que se passe-t-il s'ils refusent ? Peut-on tout de même mettre ce travail en place ?

Je pense qu'**on ne peut pas s'engager dans une démarche de PPRE sous cette forme sans l'accord des parents**. Cela pourrait créer chez l'enfant un véritable conflit. À qui devrait-il obéir ? À ses parents ou à l'enseignant ?

Dans une telle situation, le mieux est surtout de **ne pas rompre le dialogue** avec la famille. C'est par le dialogue et l'échange que les parents pourront peut-être peu à peu prendre conscience que leur enfant a besoin d'aide et que vous proposez une aide constructive et bienveillante dans son intérêt. Mais ce travail peut prendre du temps…

QUE FAIRE ALORS EN CLASSE POUR L'ÉLÈVE ?

Il ne faut pas oublier que **l'élève est le premier acteur de ce projet**. S'il est au courant, peut-être souffre-t-il du choix de ses parents mais il ne pourra pas le dire… Il ne doit cependant pas pâtir de cette situation. Informez-le que, d'une autre façon, il sera aidé en classe.

Renforcez les aides déjà mises en place : différenciation pédagogique, groupe de travail, travail en binôme, encouragements et soutien particulier. **Adaptez, autant que possible, les objectifs de travail** que vous auriez mis en place pour lui. Cette aide, sous cette forme, sera moins efficace mais elle aidera tout de même l'élève, ce qui est fondamental.

11. L'entretien avec l'élève

L'élève est le premier concerné par ce projet. Suite à l'entretien que ses parents ont eu avec l'enseignant, il est déjà au courant de ce qui va être mis en place pour l'aider : ses enseignants, ses parents se mobilisent pour lui, c'est déjà une première forme d'aide.

Cependant, **un entretien complémentaire avec l'élève est nécessaire** : c'est un échange en particulier avec son ou ses enseignants. L'élève pourra peut-être s'exprimer de façon différente et l'enseignant pourra mieux comprendre les difficultés de l'élève. Il faut que l'élève investisse l'aide qui lui est proposée : il doit lui aussi être partie prenante et se mobiliser.

Qui conduit cet entretien ?

En primaire, l'enseignant de la classe. Le maître du réseau d'aide ou le directeur peuvent le faire ou assister le maître si besoin.

Au collège, l'enseignant principal de la classe assisté du professeur de la matière concernée si nécessaire.

Cet échange doit être conduit dans une relation de confiance entre tous les partenaires.

Où et quand conduire cet entretien ?

Dans la classe ou dans un lieu neutre. Bien sûr, dans un endroit calme qui permet les échanges sans être dérangé.

Il importe de choisir un moment tranquille où l'élève ressent que vous prenez du temps pour lui. **L'entretien ne doit pas durer trop longtemps**. Un quart d'heure semble une durée raisonnable qui permet d'avoir le temps de tout dire.

Pourquoi cet entretien ?

Il aide l'enseignant à **mieux comprendre les difficultés de l'élève**. Il lui permet aussi de comprendre comment l'élève perçoit lui-même ses propres difficultés : en a-t-il conscience ? Comment les ressent-il ?

Y seront abordés aussi ses domaines de réussite : a-t-il conscience de ce qu'il réussit bien ? Que préfère-t-il faire ?

Il va permettre aussi de rassurer l'enfant qui pourrait être envahi par la peur d'apprendre ou submergé par la difficulté.

Comment le conduire ?

Commencez par rassurer l'élève en lui expliquant les objectifs de cette réunion. Il sera ainsi disponible pour l'échange.

Ensuite, **faites le point avec lui sur ses difficultés** en classe et sur ses domaines de réussite.

Puis, expliquez lui ce que vous allez mettre en place pour lui, quel sera son rôle, ses engagements. Certaines académies proposent d'établir un contrat avec l'élève (voir page 20). Demandez-lui son accord pour ce projet. Informez-le de la réunion qui aura lieu pour la signature du document avec ses parents ou son responsable légal.

Tout au long de l'entretien, **sachez montrer votre intérêt pour l'élève**, sans dramatiser ni banaliser la situation. Restez rassurant et encourageant. Écoutez ses réponses, acceptez les silences, accueillez ses questions.

Exemples de questions que l'on peut poser au cours de l'entretien avec l'élève (liste non exhaustive)

Sur l'école et le travail scolaire en général

- Aimes-tu l'école ? Qu'est-ce qui te plaît le plus/le moins, à l'école, au collège ?
- Et parmi les différentes disciplines ? Et le sport ? Les ateliers ?
- Quelles sont les matières où tu réussis le mieux ?
- Qu'est-ce qui est facile pour toi ? Qu'est-ce qui est difficile ?
- Quels sont les moments de la journée de la classe ou de l'année que tu aimes particulièrement ? Et ceux que tu aimes le moins ?
- Comment te sens-tu en tant qu'élève à l'école, au collège ?
- Est-ce que tu progresses ?
- Quel compliment te fait le plus plaisir ?
- En récréation, à quoi joues-tu ?
- As-tu des amis dans la classe ? dans les autres classes ?
- Après l'école, comment se passe le travail à faire à la maison ?

Sur les réalisations de l'élève

À partir des évaluations nationales

- Quel est ton avis sur ces évaluations ? À ton avis à quoi servent-elles ? (Montrer le livret d'évaluation fermé)
- Qu'est-ce que tu as ressenti au moment des évaluations ?

- Comment les as-tu trouvées ? Faciles ou difficiles ? Longues ou courtes ? (Feuilleter le livret et le consulter avec l'élève)
- Qu'est-ce que tu as su faire le mieux ? Le moins bien ? Montre-moi le ou les exercices qui t'ont semblé faciles ou difficiles.

Sur sa façon de travailler (en s'appuyant sur des exercices de l'élève, échoués, réussis ou sans réponse)

- Comment t'y prends-tu pour … ?
- Que fais-tu quand… ?
- Par quoi commences-tu ?
- Peux-tu dire ce que tu as compris de la consigne ?
- Peux-tu m'expliquer comment …. ?
- Si tu avais à le refaire, comment t'y prendrais-tu ?
- Qu'est ce qui pourrait t'aider ?

Sur le projet

- Crois-tu que quelque chose ou quelqu'un pourrait t'aider (à l'école, à la maison...) ?
- « Nous avons pensé pour toi à un projet pour t'aider à mieux réussir à l'école. » (Expliquer qu'on va y réfléchir ensemble et qu'on va lui proposer un travail qui va l'aider).
- Qu'en penses-tu ? Cela peut-il t'aider ?

12. Évaluation diagnostique des connaissances

L'étape suivante sera d'évaluer précisément les connaissances de l'élève, analyser ses difficultés pour pouvoir cibler l'aide à apporter.

« *La vocation du PPRE est tout autant de prévenir la difficulté que de la pallier. Sa mise en œuvre est assortie d'un système d'évaluation permettant de dresser un état précis des compétences acquises par l'élève au regard des objectifs à atteindre à la fin du cycle et de les situer au regard des exigences du socle commun**. »

Ce paragraphe met en avant **l'obligation des évaluations** : pour savoir où l'on va, il faut d'abord savoir d'où l'on part. Il faut commencer par un « état des lieux » précis : une évaluation diagnostique qui va permettre de connaître exactement le niveau de connaissance de l'élève dans les domaines des apprentissages fondamentaux.

À ce propos, il convient de rappeler que ce sont **les connaissances de l'élève que l'on évalue et non l'enfant lui-même.** On parle d'évaluation des connaissances et non d'évaluation de l'élève. En aucun cas, on ne pourrait s'autoriser à évaluer l'élève lui-même ! C'est un raccourci de langage malheureusement courant, qui est très abusif, voire dangereux : cela reviendrait à porter un jugement sur l'enfant, sur sa personne.

---

* Les phrases en italiques sont extraites de la circulaire n° 2006-138 du 25-8-2006 : « Programmes personnalisés de réussite éducative. Mise en œuvre des PPRE à l'école et au collège. »

Nous évaluons des connaissances, des actions et des tâches. Évaluer les activités d'une personne, ce n'est pas évaluer la personne. Ce sont des items qui portent sur des connaissances, des capacités et des attitudes que nous allons évaluer.

ÉVALUER QUOI ?

L'évaluation comprend deux aspects complémentaires et inséparables :

• D'abord, ce que l'élève sait faire. Quels sont ses points de réussite ?

Même s'il est en très grande difficulté, tout élève a, et fort heureusement, des domaines de réussite. Quels sont-ils ? Est-il doué pour le sport ? La musique ? Est-il très intéressé par la découverte du monde ? Quelles sont les matières qu'il préfère et celles où il réussit? A-t-il de bonnes relations avec les autres ? etc. Ces questions lui ont été posées lors de l'entretien (page 74) mais en tant qu'enseignant nous voyons bien aussi des attitudes positives et des domaines de réussite que nous devons valoriser.

Une enseignante à qui je demandais de me parler d'un élève m'a répondu « *Il est nul en tout* ». Je crois qu'elle était elle même dépassée par les difficultés de l'élève et n'était plus capable de le regarder positivement. Il était bien alors qu'elle demande de l'aide. S'arrêter, regarder l'enfant, poser sur lui un regard bienveillant permet de le voir sous un autre angle que celui de ses difficultés : il a sûrement bien des qualités et des domaines de réussites.

D'autres personnes que l'enseignant (animateurs, maîtres spécialisés, directeur...) voient l'élève sous un autre jour et peuvent en parler différemment. D'où l'importance du travail en partenariat.

Ces réussites sont d'autant plus importantes à noter qu'elles servent de tremplin pour la réussite elle-même. « Si on échoue souvent, on finit par penser qu'on échouera toujours. »

Pointer les réussites, c'est montrer à l'enfant qu'il sait faire des choses, qu'il n'est pas « nul en tout », c'est commencer à restaurer son estime de soi et lui donner le désir d'apprendre.

• **Deuxième point : l'évaluation des difficultés**

Le PPRE est adossé au socle commun. Il est mis en œuvre pour les élèves en grande difficulté dans la maîtrise des éléments du socle commun (c'est-à-dire, de ce qui doit être absolument acquis).

Attention à ne pas confondre ce qui doit être absolument acquis (socle commun) avec ce qui doit être absolument étudié (les programmes d'enseignement) ou avec les « éducations à ... » (santé, citoyenneté, sécurité routière, orientation, secourisme...). **Les PPRE ne concernent que les éléments du socle commun.**

13. Comment évaluer ?

Appuyez-vous sur les outils pédagogiques officiels du portail national des professionnels de l'éducation *: sur ce site, vous trouverez

- **un document pour la maternelle** : « Aide à l'évaluation des acquis des élèves en fin d'école maternelle » (pour les élèves de Grande Section de Maternelle) ;
- **les progressions pour chaque niveau de l'école élémentaire** à partir des programmes de 2008. (pour les élèves du CP au CM2) ;
- **les grilles de références pour l'école et le collège** (voir page 82). Elles permettent l'évaluation et la validation des compétences du palier 1 (CE1), du palier 2 (CM2) et du palier 3 (de la 6e à la fin de la scolarité obligatoire).

Pourquoi utiliser ces documents ?

Ils vont vous permettre de **cibler les champs d'évaluation** puis les items de travail prioritaires pour l'élève, dans le cadre des instructions officielles, en lien avec le socle commun. En travaillant ainsi, vous êtes sûr de rester dans l'esprit et les objectifs du PPRE, et le travail vous en est grandement facilité aussi.

Ensuite, soit vous analysez les erreurs de l'élève à partir de travaux faits en classe – cahiers du jour ou évaluations, soit vous lui faites passer des évaluations particulières. De nombreux cahiers ou fichiers existent mais assurez-vous

* http://eduscol.education.fr/

qu'ils soient bien adaptés à vos objectifs d'évaluation*. Attention : il faut alors bien prévenir l'élève et **le faire travailler dans des conditions optimales de calme** et de confiance.

Pour ces évaluations, vous pouvez aussi solliciter l'aide d'un maître spécialisé si vous en avez dans votre école.

Jusqu'où évaluer ?

Si les objectifs fixés pour la classe de l'élève sont trop élevés pour lui, il faut alors reprendre les objectifs des classes précédentes. Même si l'écart est important, il faut se rendre compte exactement de son niveau de connaissance et **cibler l'objectif à atteindre qui correspond précisément à ce qu'il va pouvoir apprendre**. C'est ainsi que l'on va lui permettre de reprendre pied, de combler ses lacunes, de construire ses connaissances sur des bases solides.

Voici un exemple : E., élève de 6e est dyslexique. En grammaire, hormis les verbes, il ne connaît aucune autre nature de mot (programme de CE1). Il ne reconnaît même pas les articles ni les noms communs. L'évaluation a permis de pointer ces lacunes, de savoir exactement ce qu'il connaît, où il en est. L'écart est vraiment très important pour un élève de 6e. Mais le mesurer a permis de le combler et répondre précisément à ses besoins.

* Vous pouvez aussi aller sur le site : http://www.banqoutils.education.gouv.fr/
Ce site propose des outils d'aide à l'évaluation des connaissances des élèves de la grande section de maternelle jusqu'à la 3e (et même au-delà) et dans toutes les disciplines. Sur la page d'accueil, vous choisissez un niveau et une discipline puis un champ ou une compétence. Vous accédez alors à un ou deux fichiers d'exercices.

Toutes ces notions ont été reprises, tranquillement, objectif après objectif. E. est maintenant à l'aise dans ce domaine. Il travaille à son rythme, s'appuie si besoin sur ses aide-mémoire et est sûr de lui. Bien sûr, d'autres grandes difficultés persistent dans les domaines de la production d'écrit mais le travail sur la grammaire permet de les diminuer et de lui redonner confiance.

Un autre exemple : B. demande à apprendre à lire l'heure car hormis l'heure pile et la demi, il ne sait pas. Il avoue en avoir « peur » (honte…) et l'avoir toujours caché car il ne voulait pas qu'on se moque de lui. Le professeur l'a remercié de la confiance qu'il lui accordait et lui a appris, très rapidement, à lire l'heure, ce qui l'a beaucoup soulagé.

Voyez à quel point les difficultés mettent les élèves en souffrance ! Ils se rendent compte de leurs lacunes mais n'osent plus poser les questions de peur de la moquerie (effective ou non) des autres. Le PPRE permet de rétablir une relation de confiance, l'élève peut alors oser poser des questions et s'inscrire dans la réussite, enfin !

14. Les grilles de référence

« *Les grilles de références constituent un outil pédagogique au service de l'évaluation des élèves à chacun des paliers du socle commun de connaissances et de compétences. Elles explicitent les items du livret personnel de compétences et précisent les exigences à chaque niveau de validation. Elles fournissent également des indications pour l'évaluation des compétences**. »

Les grilles de référence sont organisées sur trois colonnes :

- la colonne « **Items** » reprend l'intégralité des items du livret personnel de compétences.
- la colonne « **Explication des items** » apporte des précisions en lien avec les programmes et les progressions
- la colonne « **Indications pour l'évaluation** » propose des modalités possibles de l'évaluation, des critères d'observation et précise le niveau attendu pour évaluer l'item positivement. Elle comporte aussi des recommandations pour la mise en œuvre de l'évaluation et des liens actifs vers des documents d'aide qui seront progressivement complétés et étendus aux différentes compétences.

Voici, pour exemple, un extrait des grilles de référence pour l'évaluation et la validation des compétences du socle commun au palier 1, choisi dans le domaine de compétence 1 : « La maîtrise de la langue française ».

* eduscol.education.fr. (N.B. Ce site est très vaste… Pour accéder plus facilement aux rubriques qui vous intéressent, entrez votre demande dans la fenêtre en haut à droite de la page d'accueil.)

Items	Explication des items	Indications pour l'évaluation

ÉCRIRE
 	
Utiliser ses connaissances pour mieux écrire un texte court
	• Relire sa production et la corriger : corriger en fonction des indications données, un texte copié ou rédigé de manière autonome.
	
	• Écrire sans erreur sous la dictée, des phrases ou un court texte (cinq lignes), préparés ou non, en utilisant ses connaissances orthographiques ou grammaticales.
		L'évaluation est conduite dans le cadre des activités sacolaires régulières d'écriture, y compris lors des corrections, pour enrichir et améliorer un texte, et au cours d'activités spécifiques d'évaluation. Elle est aussi conduite en situation de dictées de phrases ou d'un court texte (cinq lignes).
		La capacité à se reporter aux outils habituels de la classe (répertoire, affichages, cahier mémoire....) est à encourager.
		L'évaluation porte sur la capacité à :
		• écrire un texte dans des situations diverses (réécriture, productions d'écrits, dictée...) où l'élève mobilise ses connaissances ;
		• questionner sa propre production pour l'améliorer ;
		• repérer des erreurs d'écriture en prenant appui sur sa connaissance de la langue : code graphophonologique ;
		• (respect lettres / sons, règles relatives à la valeur des lettres), segmentation en mots, respect de l'orthographe des mots invariables et des mots les plus courants, respect de l'orthographe grammaticale, utilisation des marques distinctives de la phrase (la majuscule, le point, ainsi que la virgule dans le cadre de l'énumération) ;
		  • marquer l'accord dans le groupe verbal (sujet placé avant le verbe) et dans le groupe nominal ;
		  • orthographier correctement les formes conjuguées apprises ;
		  • corriger de manière autonome le texte produit en fonction d'indications données par le maître.
		L'item est évalué positivement lorsque l'élève utilise avec pertinence sa connaissance du fonctionnement de l'écrit et les outils mis à sa disposition pour améliorer un texte, le rendre compréhensible et lorsque l'élève produit sous la dictée, un texte de cinq lignes, lisible, complet, exact.

La troisième colonne, assez détaillée, vous donne des pistes d'observation pour un élève qui présente des difficultés à l'écrit :

- difficultés d'encodage (code graphophonologique) ; segmentation des mots ;
- maîtrise de l'orthographe des mots invariables ;
- utilisation des marques distinctives de la phrase : majuscule, point ;
- les accords sujet/verbe ;
- etc.

Ces documents vous aident à analyser quel est le type d'erreurs commises et à décider des objectifs précis pour l'élève.

La démarche est la même pour les trois grilles de référence pour tous les champs de compétence du socle commun. Ces grilles seront pour vous de précieux outils dans ce travail d'évaluation et vous faciliteront grandement la tâche.

15. Définir des objectifs de travail

Suite au travail d'évaluation, vous allez pouvoir décider des compétences à travailler prioritairement (telles que formulées dans les programmes) et vous allez fixer les objectifs de travail qui vont permettre à l'élève de valider ces compétences.

Il faut avancer PAS À PAS, décider d'objectifs précis, concrets, réalisables et évaluables. Donc, leur nombre doit être limité à 2 ou 3 au maximum.

La démarche n'est pas de traiter la difficulté dans sa globalité mais plutôt d'**isoler des éléments essentiels de cette difficulté**, qui peuvent être des éléments notionnels, comportementaux ou méthodologiques. Ces objectifs peuvent être ciblés sur une matière particulière ou être transversaux.

• Objectifs pédagogiques : un exemple pour le CE1

Voici, à partir de l'extrait de la grille de référence présentée page 83, un exemple de ce que pourraient être les objectifs d'un PPRE pour un élève de CE1 en grande difficulté de production d'écrit :

Compétence : *Utiliser ses connaissances pour écrire un texte court.*

- Objectif 1 : Utiliser les marques distinctives de la phrase : majuscule et point.
- Objectif 2 : Apprendre l'orthographe des mots invariables et des mots les plus courants (joindre la liste des mots à apprendre).

Choisir deux (ou trois) objectifs semble une quantité raisonnable. Il ne faut pas avoir l'ambition de résoudre toutes les difficultés d'un coup ! On commence par le début et on avance en traitant les difficultés les unes après les autres.

• Objectifs transversaux : des propositions pour le collège

En vous appuyant sur la grille de référence du palier 3, voici plusieurs exemples d'objectifs de travail transversaux possibles à mettre en place pour des élèves de collège, en interdisciplinarité (seuls, 2 ou 3 d'entre eux seront choisis) :

- Améliorer la compréhension des consignes (impératif ou infinitif, consignes simples et double).
- Apprendre à identifier la nature d'un document.
- Savoir sélectionner une information dans un texte.
- Savoir repérer les reprises anaphoriques dans un texte.
- Savoir se servir d'un dictionnaire, d'un index, d'une table de matière.
- Organiser un classeur, un cahier.
- Savoir prendre des notes lisiblement pour pouvoir se relire.

Bien sûr, ce ne sont que des exemples, et cette liste n'est pas exhaustive. De plus, les objectifs transversaux ne sont pas réservés aux élèves de collège mais peuvent concerner également les élèves du primaire qui en auraient besoin.

• Objectifs comportementaux

Des élèves dont le comportement nuit gravement aux apprentissages et peut compromettre à terme leur réussite ont besoin d'un PPRE (voir page 18).

Quels objectifs pour eux ?

Les aides à mettre en place s'inscrivent dans le domaine 6 du socle commun : « *Les compétences sociales et civiques* » et concernent plus précisément l'item : « *Respecter les autres et les règles de la vie collective* ».

Chaque situation étant particulière, **les objectifs seront vraiment personnalisés en fonction de l'élève,** pour que son attitude ne nuise plus à ses apprentissages ou à celui des autres élèves de la classe. Ces objectifs doivent permettre à l'élève d'agir réellement sur son comportement : c'est-à-dire qu'il aura physiquement, pratiquement, des engagements à respecter : arriver à l'heure à l'école, se déplacer calmement dans les couloirs, se tenir correctement sur sa chaise... Cela pourrait paraître de « petites choses » mais qui, mises bout à bout, permettront à l'élève d'améliorer son attitude. D'autant plus que ce qui peut nous sembler « petit » peut ne pas l'être pour l'élève et exiger de lui beaucoup d'efforts. C'est un travail qui s'inscrit dans le temps. On ne peut pas demander à un élève perturbateur de changer d'attitude du jour au lendemain.

Et, bien sûr, des objectifs comportementaux s'expriment de façon positive et constructive et non sous une forme négative. On ne dit pas « Arrêter de couper la parole sans arrêt » mais : « Apprendre à demander la parole en levant la main ».

Il m'est arrivé de lire des PPRE qui indiquaient les objectifs suivants :

- *Améliorer ses compétences en lecture.*
- ou : *Rédiger un texte sans erreur.*
- ou encore : *Adopter une attitude correcte en classe.*
- ou seulement : *Lecture.*

Vous comprenez bien maintenant que ces objectifs ne sont PAS des objectifs de PPRE. Ils sont beaucoup trop vastes, trop vagues. Ils ne sont pas suffisamment pratiques. L'enfant lui-même ne saurait pas vraiment quoi faire pour progresser. L'enseignant, de son côté, ne saura pas par quel bout commencer…

• **Comment formuler un objectif ?**

Un objectif s'exprime en termes d'action. Il faut agir pour atteindre les objectifs fixés. Vous devez donc choisir un verbe qui va précisément décrire l'action choisie.

Prenons l'exemple de l'apprentissage grapho-phonétique de la lecture. Voici quatre objectifs qui appartiennent au même domaine d'apprentissage mais décrivent des actions différentes :

- Établir la relation grapho-phonétique.
- Renforcer la relation grapho-phonétique.
- Entraîner la relation grapho-phonétique.
- Lever les confusions grapho-phonétiques.

Le travail n'est pas le même quand il s'agit d'installer la relation ou de la renforcer. Dans le premier cas, il faut établir un lien entre un graphème et un phonème. Dans le second cas, ce lien est établi mais il doit être automatisé par de l'entraînement. On ne va donc pas mettre en place les mêmes activités ni avoir les mêmes exigences.

Vous comprenez mieux, par ces exemples, qu'exprimer un objectif sous la forme « relation grapho-phonétique » ou « lecture » ne peuvent pas être des objectifs réalisables pour un PPRE. Il ne faut pas rester dans de vastes domaines d'apprentissage mais définir précisément ce qui va être fait.

16. Ajuster les objectifs en cours

Vous avez décidé deux ou trois objectifs à atteindre pour une période de travail. Au cours de la période de travail fixée, vous pouvez vous rendre compte que les objectifs prévus ne sont pas adaptés. Ils ne correspondent pas aux possibilités de l'élève. Vous avez surestimé ses capacités. Vous pensez qu'il serait souhaitable de « morceler » ces objectifs en sous objectifs atteignables. Ou, au contraire, vous avez sous-estimé ses capacités ou sa motivation, et les objectifs sont vite atteints, bien avant la date prévue du bilan.

Que faire ? Bien entendu, les ajuster. On n'attend pas la fin de la période pour les ajuster et on les modifie en restant dans le même domaine d'activité, bien sûr.

Rappelons-nous que **nous devons toujours travailler dans ce que l'on appelle la ZPD :** ***la Zone proximale de développement***. Ce concept central dans les travaux de Lev Vigotsky exprime la différence entre ce que l'enfant peut apprendre seul et ce qu'il peut apprendre si on lui fournit une aide : « Ce que l'enfant est en mesure de faire aujourd'hui en collaboration, il saura le faire tout seul demain. »

Les objectifs fixés ne doivent pas être figés. **Ils doivent s'ajuster sans cesse aux progrès de l'élève** et avancer avec lui pour toujours travailler dans sa ZPD. Il faut savoir les ajuster même au cours d'une période de travail si le besoin s'en fait sentir.

17. Mise en œuvre du projet

Voici maintenant le moment de passer à l'action. Les objectifs ont été fixés ainsi que les moyens de mise en œuvre. L'élève, lui aussi, connaît ses propres objectifs mais il peut être bon de les lui rappeler de temps en temps. Il sait que ce travail est programmé pour une période déterminée et que les objectifs doivent être atteints à une date qu'il connaît. Certains élèves auront peut-être besoin d'un calendrier pour mieux se repérer dans le temps. Ce calendrier pourra être collé dans son agenda ou dans son cahier du jour.

Quelles activités pédagogiques ?

Les activités pédagogiques mises en place dans le cadre d'un projet d'aide sont des activités de soutien et de remédiation. Il ne s'agit donc pas de répéter ou de refaire à l'identique ce qui a déjà été fait en classe mais de proposer **d'autres voies, d'autres manières de faire, adopter une démarche de remédiation** qui permettra à l'élève de combler ses lacunes.

Vous trouverez dans mon livre *100 idées pour aider les élèves en difficulté à l'école primaire** des propositions concrètes pour la classe dans les domaines des apprentissages fondamentaux. Les autres livres de la même collection abordent les difficultés rencontrées par les enfants « dys » et ceux souffrants de troubles du comportement. Tous ces livres apportent des réponses pédagogiques pratiques et concrètes pour accompagner les élèves en difficulté ou en situation de handicap et aider les enseignants à adapter le travail.

* Éditions Tom Pousse, Paris, 2011.

Dans la mesure du possible et selon les objectifs décidés, il est préférable de mettre en place **des activités qui privilégient un travail transversal** et de ne pas les limiter à un seul domaine d'apprentissage. Par exemple, le travail mis en place pour un élève ayant des difficultés de vocabulaire ou de compréhension ne se limitera pas à un travail en cours de français uniquement. C'est au cours des différentes activités de la journée que cette compétence devra être travaillée et qu'elle prendra alors tout son sens.

L'ÉVALUATION FORMATIVE

L'évaluation formative est celle qui est effectuée au cours des apprentissages. Elle informe sur les acquis en construction et permet de situer la progression de l'élève par rapport aux objectifs fixés.

Elle est particulièrement importante pour la démarche de projet d'aide : elle se pratique assez naturellement en regardant l'élève travailler, en l'écoutant et l'observant. Elle permet de comprendre le fonctionnement de l'élève et d'analyser ses procédures d'apprentissage. Comment s'y prend-il ? Quelles erreurs fait-il ? Que sait-il faire sans hésitation ?

L'évaluation formative permet d'ajuster au plus près le projet d'aide et de moduler les exigences en fonction des capacités de l'élève. Elle est un vrai outil d'accompagnement de la mise en œuvre.

Signaler les adaptations pédagogiques

Il peut être nécessaire d'indiquer sur les travaux, et particulièrement sur les évaluations, quelles adaptations y ont été apportées : dictée adaptée, exercice plus court ou différent, exercice fait avec aide, etc. Rappelons que l'objectif des ces projets est bien que l'élève s'inscrive dans la réussite et obtienne des notes ou des appréciations qui l'encouragent ; c'est pourquoi certains exercices doivent lui être adaptés. Mais il ne faut pas perdre de vue le niveau attendu de son niveau de classe et le décalage entre ce qu'il sait faire et ce qu'il devrait savoir faire. C'est pourquoi l'enseignant doit mentionner en marge de l'exercice les adaptations mises en place.

Cela évite également une « dérive » assez fréquente : au vu de bons résultats sur le cahier ou des évaluations, et si aucune mention particulière d'aide n'y est ajoutée, des parents peuvent nier les difficultés de leur enfant car ils ne peuvent plus évaluer l'écart entre les résultats de leur enfant et le niveau de la classe. C'est pourquoi ces mentions indispensables et servent de repères.

18. Évaluation du travail et renouvellement du projet

À l'issue de la période de travail fixée (6 à 8 semaines), vous allez avoir à évaluer les résultats obtenus.

Vous aurez pratiqué des **évaluations formatives** tout au long de la période de travail en observant l'élève. Cette observation vous aura permis de relever les difficultés et les progrès de l'élève au cours de son apprentissage, de situer sa progression par rapport aux objectifs fixés et de les ajuster au plus près.

En fin de période, vous allez lui présenter des **évaluations sommatives**. C'est-à-dire qu'il va falloir dresser un bilan de ses nouvelles connaissances et compétences. L'élève est bien entendu au courant de ce bilan, il en connaît la date et sait sur quoi il porte. À l'issue de ce bilan, vous lui présenterez ses résultats et en discuterez avec lui : a-t-il atteint les objectifs ou non ? Il est important, toujours dans l'optique de l'engagement de l'élève, qu'il soit au courant de ses résultats et qu'il puisse mesurer ses progrès. L'élève est le premier acteur de son apprentissage et de ses progrès.

L'ÉLÈVE A-T-IL OU NON ATTEINT LES OBJECTIFS FIXÉS ?

- **Les objectifs ont été atteints.**

Il y a alors deux possibilités :

➢ Vous décidez d'arrêter le PPRE car l'élève n'a plus besoin de cette aide particulière ; les aides mises en place dans le cadre de la différenciation pédagogique peuvent lui suffire. Il faut alors « préparer l'arrêt » avec l'élève : le féliciter pour ses progrès, le rassurer en lui affirmant que vous ne le « lâchez » pas et qu'il va devoir poursuivre ses efforts.

L'arrêt de l'aide est parfois un passage délicat, mais trop d'aide nuit et peut finalement provoquer un effet contraire en enfermant l'élève dans une sorte de fatalisme. C'est pourquoi **il faut savoir arrêter**.

L'arrêt peut aussi avoir un effet stimulant sur l'élève qui se sent reconnu dans ses efforts et soulagé de ne plus avoir besoin d'une aide particulière.

Il faut cependant rester vigilant et disponible pour l'élève.

- ➢ Vous décidez de prolonger le PPRE pour une nouvelle période de travail car l'élève a progressé mais il a encore besoin d'une aide ciblée sur des objectifs précis.

Vous faites le bilan avec les parents et l'élève : vous annoncez votre décision de continuer, pointez les réussites et les faiblesses et présentez les nouveaux objectifs à atteindre pour la période suivante.

Vous complétez une nouvelle page 2 du PPRE que vous faites signer aux parents.

Il peut être parfois difficile de réunir toute l'équipe éducative (parents, directeur, partenaires, intervenants extérieurs) pour un renouvellement de PPRE. Il faut savoir simplifier et, pour ne pas alourdir la procédure, ne réunir que les parents et l'enseignant pour la signature du renouvellement. Il ne faudrait pas que des difficultés à se réunir soient un obstacle à la mise en place de l'aide.

- **Les objectifs n'ont pas été atteints.**

Il convient de prendre le temps de s'interroger pour comprendre pourquoi. Peut-être les objectifs étaient-ils trop élevés par rapport au niveau de l'enfant ? L'élève a-t-il vraiment investi l'aide et si non, pourquoi ? Les parents ont-ils participé au projet comme prévu ?

La mise en œuvre était-elle adaptée ? Quels sont les obstacles qui ont empêché la conduite ou la réussite du projet (absences fréquentes, difficultés matérielles...)

Peut-être aussi l'échec vient-il de l'enseignant lui-même, qui n'a pas vraiment pu (ou su) mettre en œuvre ce qui avait été décidé.

Les causes peuvent être très diverses mais il faut absolument les identifier. Elles serviront de point d'appui pour l'élaboration du PPRE suivant.

Une fois ces causes identifiées, il faut alors fixer des objectifs adaptés à l'analyse de la situation. Une nouvelle période de travail de 6 à 8 semaines est fixée et un nouveau PPRE est signé au cours d'une réunion avec les parents et l'élève.

Combien de fois peut-on renouveler un PPRE ?

C'est une question qui est souvent posée. Il n'y a pas de réponse « officielle ». Toutes les situations sont différentes.

Les textes parlent **d'une aide transitoire et ponctuelle**. On pourrait donc en déduire qu'un PPRE ne devrait pas être renouvelé plus de deux fois. Mais cela dépend des types de PPRE.

- **Les PPRE d'accompagnement** pour les élèves maintenus dans une classe ne sont souvent pas renouvelés. Ce sont surtout des documents de transition et si l'élève profite du maintien pour rattraper son retard, le PPRE n'est alors plus utile. Pour d'autres élèves maintenus et qui restent en difficulté, on mettra alors en place un PPRE de remédiation.

- **Les PPRE de prévention ou de remédiation** ne devraient pas avoir à être renouvelés plus de deux fois, ce qui représente déjà près de la moitié de l'année.
- Par contre, **les PPRE de substitution** pour les élèves en attente d'une orientation dans un établissement spécialisé ou en attente d'un diagnostic peuvent être renouvelés tout au long de l'année : ils s'adressent à des élèves qui ont besoin d'une aide très particulière et qui seront toujours en décalage par rapport au niveau de la classe.

Mais les réponses ne sont pas si « simples ». Toutes les situations sont uniques et c'est à vous d'évaluer s'il est nécessaire ou non de reconduire le projet.

19. Mise en forme du document

Chaque circonscription présente sur son site des modèles de PPRE qui peuvent être assez différents d'une circonscription à l'autre. Beaucoup d'écoles ont aussi leurs propres modèles élaborés par l'équipe pédagogique. Parfois, les documents peuvent être différents d'un cycle à l'autre dans une même école. C'est dommage car pour une meilleure cohérence pédagogique, il faudrait que toute l'équipe travaille sur le même document.

Lors de formations, je demande aux stagiaires d'apporter le document utilisé dans leur établissement pour pouvoir l'analyser avec eux. Certains apportent des documents qui peuvent compter quatre ou cinq pages, très fastidieuses à compléter. Ce sont ces documents qui découragent et rebutent les enseignants : les évaluations diagnostiques y sont très détaillées dans tous les domaines et ne ciblent pas seulement les apprentissages fondamentaux. Les objectifs fixés sont souvent trop vastes ou trop nombreux. Sous cette forme, un PPRE n'est en effet qu'un « papier de plus ».

Pour qu'un PPRE soit un vrai outil de travail, il doit aller directement à l'essentiel. Pratiquement, les informations tiennent sur deux pages. Les compléter ne doit pas vous demander d'y passer trop de temps. Vous avez déjà beaucoup de travail et cela ne doit pas représenter pour vous une surcharge trop importante.

La première page est complétée avec les renseignements généraux ; elle décrit ensuite la situation initiale. Cette page n'aura pas à être modifiée au cours du projet.

La seconde page indique les objectifs de travail, les modalités de prise en charge ainsi que la date d'échéance du projet. Elle sera donc dupliquée autant de fois que de projets.

On peut y ajouter au fil des prises en charge des « fiches action » qui décrivent des modalités de travail particulières, ainsi que, si besoin, les documents complémentaires nécessaires : comptes-rendus des entretiens avec les parents et l'élève, travaux de l'élève, bilan des évaluations…

Voici un canevas qui vous guidera pour rédiger un PPRE :

Page 1

- École :
- Prénom et nom de l'élève :
- Date de naissance :

- Classe :
- Dossier présenté le : ...... par : ....

Diagnostic initial :

- Constat lié aux évaluations (évaluations nationales ou évaluations de classe) :
- Difficultés :
- Points positifs :
- Prises en charge existantes (éventuellement), dans l'école (RASED) ou hors de l'école (orthophonie...) :

Page 2

- Objectifs et compétences prioritaires à travailler (deux ou trois au maximum) en classe, dans le cycle et à l'école (RASED) :
- Description des moyens mis en œuvre :
- Actions décidées à la maison :
- Si nécessaire : emploi du temps de l'élève :
- Résultat des évaluations de fin de période (progrès réalisés et difficultés persistantes) :
- Date de la rencontre avec les parents et signatures des différents partenaires du contrat :
- Date de l'échéance du contrat et décision prise pour la suite (arrêt ou poursuite de l'aide) :

Chacun choisira la mise en page qui lui convient, mais ce document doit être clair et lisible.

L'important est que vous puissiez vous approprier ce document et le considérer comme un outil d'aide pratique et concret.

20. Bilan de fin de stage

En écho au questionnaire d'introduction (page 10), voici maintenant des extraits du bilan de fin de stage. Lors de ces stages, en complément des informations sur les PPS et les PPRE, un temps est consacré à l'analyse des difficultés et aux activités possibles de remédiation*.

Mes premières réactions et impressions

- J'ai une meilleure perception des élèves en difficulté ou en situation de handicap, et je suis mieux préparée à les accueillir.
- Ressourcer, clarifier, soulager.
- L'élaboration de ces projets est surmontable et indispensable.
- J'ai maintenant des outils concrets pour analyser les difficultés des élèves.

Ce que j'ai appris

- Mes droits et mes devoirs vis à vis d'un élève en difficulté.
- La différence entre un PPS et un PPRE.
- Comprendre et poser une réalité sous tous ces sigles qu'on utilise.
- J'ai appris les démarches des différents projets pour aider au mieux les enfants mais aussi pour se préserver.
- Des outils concrets à mettre en œuvre en classe.
- Être au clair avec les textes de loi.

---

* Voir I. DEMAN, *100 idées pour venir en aide aux élèves en difficulté à l'école primaire*. Éditions Tom Pousse, 2011.

Ce qui a changé dans mes représentations, dans mon regard

- La notion de handicap.
- Je me sens moins stressé(e) car la difficulté à mettre en place des PPRE m'a été enlevée.
- Je me sens plus apte à aider les parents d'élève en difficulté.
- Je me sens plus apte et plus « zen » face à ces élèves.
- J'ai compris davantage comment mettre en place ces projets, pour qui et pour quoi, et surtout comment.
- Prise de recul et changement de regard sur les difficultés rencontrées par certains élèves en classe.
- Rédiger un PPRE n'est pas un travail en plus mais un véritable outil, un outil « pour agir ».
- Être efficace, aller à l'essentiel.
- L'enseignant met en place des moyens pour la réussite de tous les élèves ; il n'est pas seul. Il ne fait malheureusement pas de miracle mais ce qui est fait est toujours bénéfique pour l'avenir de l'enfant.

Je voudrais dire aussi

- Au sein du groupe, je ne me suis pas senti(e) à part car on était un peu tous perdus et désorientés. J'ai appris beaucoup de choses !
- Ce stage m'a permis de dédramatiser et de me déculpabiliser par rapport à certaines situations.
- Je vais pouvoir faire évoluer ma pratique de classe.

En conclusion

Ce livre vous aura, j'espère, permis de trouver des réponses vraies et concrètes pour accompagner un élève avec PPS ou PPRE. Sûrement certaines questions resteront encore en suspens, ou bien encore des mises en œuvre risqueront d'être difficiles à mettre en place, selon le contexte et l'environnement de votre école. Je pense en particulier au travail en partenariat dans des écoles isolées ou qui ne comptent qu'une ou deux classes.

Mais rien n'est jamais complètement facile, surtout dans ce domaine, et un obstacle ne doit pas vous arrêter. D'autant que toutes les aides que vous pourriez mettre en place n'auraient pas de sens si vous ne les utilisiez que comme du « prêt à consommer ».

Car au delà d'une démarche pratique, au-delà des idées concrètes de mise en œuvre, c'est d'abord votre propre motivation, votre intime conviction que **TOUS les élèves peuvent progresser et apprendre** qui sera le véritable moteur de la remédiation. La conviction également que vous saurez les « accompagner », c'est-à-dire marcher à côté d'eux pour les aider à avancer sur leur chemin de leurs apprentissages. Sans cette intime conviction, sans cette essentielle condition de départ, toutes les aides pratiques ne serviraient à rien. C'est le premier travail à faire ; c'est notre propre posture d'enseignant qui est ainsi interrogée : comment puis-je me positionner pour aider **TOUS** les élèves de ma classe ?

Et puisque la bonne volonté n'est pas suffisante, pour accompagner un élève, il faut savoir **quoi** faire et **comment** le faire. C'est pourquoi, j'espère sincèrement avoir pu vous apporter des informations et des supports qui vont vous permettre de mieux appréhender ces projets et de vous en servir vraiment comme outils de travail.

Quand vous aurez bien compris et maîtrisé cette démarche, vous verrez à quel point elle vous semblera absolument nécessaire et facile. Ainsi chaque enfant pourra prendre avec vous le chemin de la (re)connaissance.

GLOSSAIRE

CDAPH : Commission des Droits et de l'Autonomie des Personnes Handicapées.

CLIS : Classe d'Inclusion Scolaire (dans le premier degré : écoles maternelles et élémentaires).

CLIS 1 : troubles envahissants du développement, troubles spécifiques du langage et de la parole.

CLIS 2 : handicap auditif et visuel.

CLIS 3 : handicap moteur.

EVS : Emploi de Vie Scolaire.

IME : Institut Médico-Éducatif

ITEP : Institut Pédagogique, Éducatif et Pédagogique.

IEM : Institut d'Éducation Motrice.

MDPH : Maison Départementale des Personnes Handicapées.

PPC : Plan personnalisé de compensation.

UPI : Unité Pédagogique d'Intégration (dans le second degré).

Du même auteur

100 IDÉES POUR AIDER LES ÉLÈVES EN DIFFICULTÉ À L'ÉCOLE PRIMAIRE

100 idées qui aident à aider : car aider ne s'improvise pas.
100 idées pour apporter des réponses concrètes aux enseignants dans leur classe dans les domaines des apprentissages fondamentaux.
100 idées qui s'adressent également aux parents attentifs aux difficultés scolaires de leur enfant, et qui souhaitent reprendre avec lui des notions fragiles ou incomprises

***Isabelle DEMAN** a été enseignante spécialisée dans un RASED et maître formateur à l'IUFM de Paris. Elle intervient actuellement dans des organismes de formation continue pour les enseignants.*

ISBN : 978-2-35345-036-7 Prix : 14,50 €

30 exercices pour apprendre à maîtriser les chiffres et les nombres

Ce cahier d'exercices contient le matériel des exercices proposés dans l'ouvrage d'**Isabelle Deman** : *100 idées pour venir en aide aux élèves en difficulté à l'école primaire.*

Adapté aux besoins des élèves en difficulté, ce cahier permettra d'autant mieux aux « autres » de **maîtriser parfaitement les bases de l'arithmétique**.

3 manières d'apprendre et de s'entraîner en manipulant :
- **des exercices effaçables** pour corriger les erreurs et refaire les exercices autant de fois que nécessaire,
- **des activités découpables** pour manipuler les chiffres et apprendre de façon ludique,
- **des posters** pour mémoriser l'essentiel et s'y reporter.

Prix :19 €
ISBN : 978-2-35345-043-5

J'apprends les tables de multiplication avec Pythagore

Et si mémoriser les tables de multiplication n'était plus un cauchemar, mais redevenait, enfin, un jeu d'enfant !

Quelle est la démarche de ce cahier ?
- Construire les tables de 2 à 9.
- S'exercer en manipulant des cartes.
- Comprendre et mémoriser les résultats.

La maîtrise des tables de multiplication libère l'esprit de l'enfant, facilite l'accès au raisonnement et à la logique et contribue à la réussite en mathématiques.

Quel est son contenu ?
- Apprendre les tables de multiplication.
- Jeux de cartes à découper et à manipuler.
- La table de Pythagore.

Prix :14 € ISBN : 978-2-35345-055-8

et chez le même éditeur…

Troubles des apprentissages dictionnaire pratique

Un outil pratique pour se repérer dans la jungle des sigles. Ce dictionnaire vise avant tout à donner à toutes les personnes concernées par le handicap et, plus particulièrement, par les troubles cognitifs spécifiques et les troubles des apprentissages, non seulement des définitions simples, claires et précises, mais également, pour celles qui le souhaiteraient, les moyens d'« aller plus loin ».

Une documentation fiable et vérifiée. Plutôt que renvoyer vers une bibliographie le lecteur désireux d'« en savoir plus », nous avons préféré lui permettre d'accéder grâce à Internet à une documentation complémentaire fiable. Sa validité a été vérifiée à la date de parution de cet ouvrage.

Jérôme BESSAC *a été Directeur éditorial aux éditions Quillet puis au Livre de Paris. Directeur éditorial branche Encyclopédies et dictionnaires chez Hachette Livre, il a ensuite pris la direction éditoriale d'Hachette Multimedia. Il assume aujourd'hui la responsabilité éditoriale des Éditions Tom Pousse.*

Prix : 19 €

ISBN: 978-2-35345-095-4

100 IDÉES POUR MIEUX GÉRER LES TROUBLES DE L'ATTENTION

Chaque jour, les parents et les enseignants sont confrontés aux problèmes que posent ces enfants inattentifs, impulsifs et hyperactifs. 100 idées pour comprendre les enjeux de ce trouble et organiser un environnement favorable. 100 idées qui constitueront une aide pertinente et concrète pour survivre à l'essoufflement que parents et enseignants ressentent lorsqu'ils sont aux prises avec l'enfant ou l'adolescent qui souffre d'un TDA/H (trouble du déficit d'attention avec ou sans hyperactivité), diagnostiqué ou non.

Francine LUSSIER, *docteur en neuropsychologie de l'Université de Montréal, a fondé en 1994 le Centre d'évaluation neuropsychologique et d'Orientation pédagogique (CÉNOP) et, en 2001, le Centre de rééducation d'approche neuro–psychologique (CRAN) qui offrent des services personnalisés aux enfants en souffrance psychologique ou en difficulté d'apprentissage et de comportement.*

Prix : 14,50 €

ISBN : 978-2-35345-042-8

100 IDÉES+ POUR VENIR EN AIDE AUX ÉLÈVES DYSLEXIQUES

120 idées… Cette nouvelle édition augmentée de 20 idées a été revue et complétée par les auteurs pour faire le point sur les dernières avancées dans la prise en charge des enfants dyslexiques.

Enseignant depuis de nombreuses années, le professeur ***Gavin Reid*** *est maintenant psychopédagogue et maître de conférence au Département des sciences de l'éducation, à la Moray House School, Université d'Edimbourg (Écosse).*

Shannon Green*, co-fondatrice et directrice du centre de rééducation pour enfants et adultes REACH à Vancouver (Canada), est praticienne de la méthode Orton-Gillingham de rééducation de la dyslexie*

Prix : 14,50 €

ISBN : 978-2-35345-068-8

100 IDÉES POUR VENIR EN AIDE AUX ÉLÈVES « DYSORTHOGRAPHIQUES »

Prix : 14,50 €

Ce livre explique non seulement pourquoi l'acquisition de l'orthographe est si difficile pour tous, mais aussi pourquoi certains enfants, malgré une intelligence normale,. éprouvent une difficulté persistante à automatiser les processus et mémoriser les formes orthographiques correctes
Trouble spécifique des apprentissages, la dysorthographie constitue souvent un aspect d'une dyslexie, et les deux troubles nécessitent une rééducation simultanée.

Monique TOUZIN *est orthophoniste dans un Centre d'Adaptation Psycho Pédagogique de la Ville de Paris. Formatrice en formation initiale et continue des orthophonistes, elle assure également la formation continue des professionnels de Santé et de l'Éducation nationale sur le sujet des troubles des apprentissages.*

ISBN : 978-2-35345-115-9

100 IDÉES POUR AIDER LES ÉLÈVES DYSPRAXIQUES

100 idées pratiques pour favoriser les acquisitions initiales en motricité fine et globale. 100 pistes concrètes pour aider au quotidien les enfants souffrant de dyspraxie ou de troubles d'acquisition de la coordination. 100 idées efficaces pour leur permettre de progresser et de suivre un cursus scolaire satisfaisant.

Le docteur Amanda KIRBY, *professeur à l'Université de Newport (Pays de Galles) est connue pour ses travaux sur la dyspraxie et les Troubles d'acquisition de la coordination. Avec la pédagogue* ***Lynne PETERS****, elle anime une équipe de médecins, de neurologues, d'orthophonistes et d'enseignants spécialisés au Dyscovery Centre de Cardiff.*

ISBN : 978-2-35345-032-9

Prix : 14,50 €

100 IDÉES POUR AIDER LES ÉLÈVES DYSCALCULIQUES

Prix : 14,50 €

Les blocages dont souffrent de trop nombreux enfants dans les apprentissages fondamentaux du calcul et de la géométrie trouvent leur origine dès la maternelle et le CP dans une fixation mal assurée de certains savoir-faire essentiels et une maîtrise insuffisante des tout premiers apprentissages. Ce livre donne des pistes à tous ceux, enseignants, psychologues, rééducateurs, parents, qui veulent comprendre la nature des difficultés de ces enfants qui « souffrent des maths » et souhaitent y remédier. 100 idées pour aider concrètement ces élèves en difficulté, en classe et à la maison.

Josiane HELAYEL*, professeur de mathématiques à l'IUFM d'Antony participe à la formation continue des futurs professeurs des écoles, est particulièrement impliquée dans la formation des enseignants spécialisés et l'aide aux élèves en difficulté.* ***Isabelle CAUSSE-MERGUI****, orthophoniste, est spécialisée depuis 1976 dans la rééducation des troubles logico-mathématiques*

ISBN : 978-2-35345-049-7

100 IDÉES POUR VENIR EN AIDE AUX ENFANTS DYSPHASIQUES

Les troubles sévères du développement du langage oral, encore appelés dysphasies, ont des conséquences lourdes sur le développement des enfants atteints, tant sur le plan de la communication, que de leur insertion scolaire et sociale. 100 idées pour venir en aide à ces enfants et leur permettre une adaptation optimale, un développement affectif et intellectuel harmonieux.

Monique TOUZIN *est orthophoniste au CHU de Bicêtre (Rééducation neuropédiatrique) et formatrice des orthophonistes, des professionnels de santé et de l'Éducation nationale en matière de troubles des apprentissages.*
Marie-Noëlle LEROUX, *professeur spécialisée au Centre scolaire de l'Unité de rééducation neuro-infantile du CHU de Bicêtre, travaille auprès d'élèves ayant des difficultés d'apprentissage liées à des troubles sévères du langage oral.*

ISBN : 978-2-35345-054-1 Prix : 14,50 €

100 IDÉES POUR DÉVELOPPER LA MÉMOIRE DES ENFANTS

Les troubles de la mémoire existent aussi chez l'enfant. Quels sont les signes qui permettront aux parents et à l'enseignant d'y remédier ? Comment ? À qui s'adresser pour évaluer l'ampleur des troubles et les soins à apporter ? Quels liens entretient la mémoire avec les troubles comme la dyslexie ou la « dyscalculie » ?
La mémoire : une clé de la réussite scolaire
Comment venir en aide à un enfant ayant des difficultés mnésiques quand on est parent ou enseignant ?
Béatrice RISSO *est psychologue dans l'Éducation nationale. Elle participe à la formation des enseignants et des psychologues. Elle a travaillé sur le développement de la mémoire de travail chez les enfants présentant des difficultés ou des troubles d'apprentissage. Elle a également été enseignante pendant 13 ans de la Petite Section de Maternelle au CM2 et est chargée de cours à l'Université de Nice.*

Prix : 14,50 € ISBN : 978-2-35345-100-5

100 IDÉES POUR ACCOMPAGNER UN ENFANT AVEC AUTISME DANS UN CADRE SCOLAIRE

120 000 enfants ou adultes autistes vivent aujourd'hui en France. Les Troubles du spectre autistique sont durables mais il est possible de prévenir et limiter les surhandicaps. Savoir les détecter très tôt, c'est faire gagner aux parents et à l'enfant un temps précieux en permettant une intervention ciblée capable d'atténuer les effets du handicap, de le compenser en partie, et de mettre en place un accompagnement adapté qui favorisera le développement de l'enfant et améliorera la qualité de vie de la famille.

René PRY *: professeur de psycho-pathologie du développement (Centre hospitalier universitaire de Montpellier et Université Lyon2), il est l'auteur de nombreux travaux scientifiques sur les troubles du comportement chez l'enfant et l'adolescent porteur d'autisme et/ou de retard de développement.*

ISBN : 978-2-35345-066-4 Prix : 14,20 €

100 IDÉES POUR ACCOMPAGNER LES ENFANTS DÉFICIENTS INTELLECTUELS

Comment tout mettre en œuvre pour permettre aux enfants déficients intellectuels de se développer puis de s'insérer dans la vie sociale ? Aujourd'hui, en France, 700 000 personnes présentent des troubles de l'efficience intellectuelle. La loi du 11 février 2005 a posé deux nouveaux principes : l'accessibilité et la compensation. Se basant sur les postulats d'éducabilité et d'adaptation, ce livre propose des actions et attitudes éducatives et pédagogiques concrètes permettant d'aider l'enfant à développer ses compétences, et son autonomie. **100 idées pour changer de regard sur le handicap mental** et les personnes déficientes intellectuelles.

Odile KLINGER-DELARGE, *conseillère pédagogique dans une circonscription chargée de la scolarisation des enfants handicapés en établissements spécialisés, accompagne les enseignants des unités d'enseignement et intervient dans le cadre de la formation continue.*

ISBN : 978-2-35345-110-4

Prix : 14,50 €

100 IDÉES POUR GÉRER SA CLASSE

100 idées pour aider tous les professeurs des écoles, qu'ils soient débutants et prennent leur première classe ou qu'ils soient expérimentés et pourtant rencontrent des difficultés ponctuelles dans la gestion de leur classe. 100 idées de bon sens ou fonctionnelles pour éviter que le professeur des écoles se trouve dans des situations où la gestion de la classe prend le pas sur la transmission des connaissances. 100 idées qui intéresseront aussi les parents afin de mieux comprendre ce que l'école attend d'eux et peut leur apporter.

Au cours de sa carrière dans l'Éducation nationale, **Alain CORNELOUP** *a été maître formateur, conseiller pédagogique, directeur d'école annexe de l'IUFM de Paris et responsable pédagogique d'un IUFM privé. Il est aujourd'hui responsable pédagogique des journaux quotidiens pour enfants Mon Quotidien et Le Petit Quotidien.*

ISBN : 978-2-35345-019-0

Prix : 14,50 €

100 IDÉES POUR QUE TOUS LES ENFANTS SACHENT LIRE

L'apprentissage de la lecture est l'apprentissage **fondamental** de l'école primaire. Hélas, de l'aveu même de l'Éducation nationale, la proportion d'élèves en difficulté de lecture à l'entrée en sixième est passé de 14,9% en 2007 à 19% en 2007 (23% pour les garçons)...
100 idées concrètes et éprouvées pour venir en aide à tous ceux, enfants ou adultes qui n'ont pas bénéficié de la méthode qui leur convenait et souffrent de troubles des apprentissages ou de difficultés cognitives.

Corinne Gallet *est formatrice à l'INS-HEA sur les troubles des apprentissages dans le cadre de la formation continue des enseignants spécialisés et participe pour le ministère de l'Education nationale à divers groupes de travail sur l'enseignement de la lecture et la lutte contre l'illettrisme.*

Prix : 14,20 €

ISBN : 978-2-35345-079-4

L'âge de lire

de Paul-Michel Castellani

Une méthode d'apprentissage
de la lecture
pour apprendre à **LIRE**
et pas seulement à déchiffrer

"L'âge de lire» est une **méthode de lecture syllabique innovante**, expérimentée et validée par son auteur, Paul-Michel Castellani, depuis une vingtaine d'années en cours préparatoire. En conformité avec le programme scolaire et avec les plus récentes directives de l'Éducation nationale, elle suit le rythme de l'enfant, de la grande section de la maternelle au CE1. **Elle est recommandée pour les enfants souffrant de difficultés d'apprentissage et plus particulièrement les dyslexiques.**

978-2-35345-004-6 Prix : 10,14 €

978-2-35345-002-2 Prix : 10,14 €

La méthode et le livre de lecture courante.

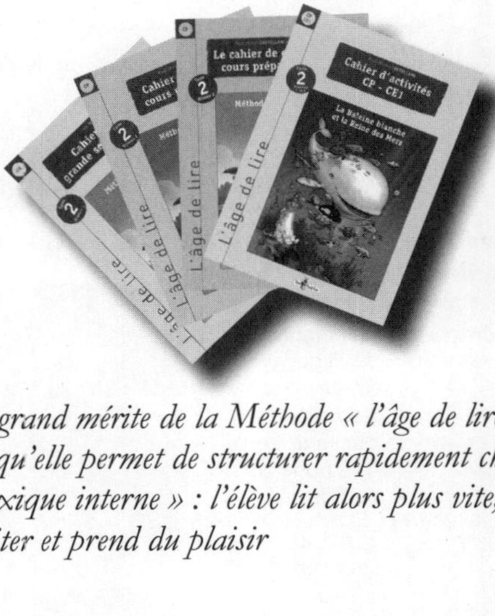

et les 4 cahiers d'activités :

- maternelle
- CP
- consolidation
- lecture courante CP / CE1

Le grand mérite de la Méthode « l'âge de lire » de Paul-Michel Castellani est qu'elle permet de structurer rapidement chez les élèves un premier « lexique interne » : l'élève lit alors plus vite, comprend le texte, écrit sans hésiter et prend du plaisir

Anne Marie Montarnal.

Je lis couramment

de Corinne Gallet et Alain Royer

Un recueil de contes de tous les pays.

Outre l'intérêt spontané des enfants pour les histoires racontées dans les contes, ce genre littéraire permet aux élèves d'élargir et d'approfondir la culture qui est la leur et celle des autres. Car lire, c'est s'ouvrir sur le monde.

Un concept multimédia

Pour faciliter la tâche de l'enseignant et permettre aux accompagnants des élèves en difficulté de mieux leur venir en aide lorsqu'ils exécuteront les exercices des cahiers d'activité, les enregistrements sous format MP3 de l'intégralité des textes travaillés peuvent être librement téléchargés sur notre site Internet :**www.tompousse.fr**

ISBN : 978-2-35345-101-2 10 €

Le cahier d'activités

Une pédagogie particulièrement adaptée aux élèves en difficulté.

Grâce aux rituels et à la connaissance de la stratégie à mettre en place, les élèves en difficulté vont apprendre à comprendre en sachant plus clairement ce que l'on attend d'eux.

D'autre part, les séances se terminent par des exercices sur le vocabulaire directement en lien avec le texte.

ISBN : 978-2-35345-102-9 12 €

Niveau 2

Ce second recueil de contes permettra à l'enseignant de poursuivre la démarche entreprise avec le premier recueil. Les contes regroupés dans ce recueil demandent un effort plus soutenu de la part de l'élève, tout en respectant une progression mesurée. : ***ouvrir les champs lexical et culturel, et travailler la représentation.***

ISBN : 978-2-35345-103-6 10 €

Le cahier d'activités

Ce second cahier reprend les principes de stratégie pédagogique du premier cahier en les élargissant :

Grâce aux rituels et à la connaissance de la stratégie à mettre en place, les élèves en difficulté vont apprendre à comprendre en sachant plus clairement ce que l'on attend d'eux.

La différence entre niveau 1 et 2 :

Les textes sont plus longs et plus denses, dans la mesure où le champ culturel est plus éloigné des élèves.

Avec ce second cahier, on entre dans le champ littéraire et on commence à aborder la complexité de l'être humain et l'ambivalence des sentiments. Les questions sont plus complexes et conduisent à établir des liens avec d'autres textes et aussi avec l'expérience vécue de l'enfant.

ISBN : 978-2-35345-057-2 12 €

Je construis ma grammaire

d'Agnès Kettela

11,50 €
ISBN : 978-2-35345-020-6

13,18 €
ISBN : 978-2-35345-022-0

16,23 €
ISBN : 978-2-35345-026-8

Je construis mes rédactions

Une méthode éprouvée, efficace pour dédramatiser l'apprentissage de la grammaire et permettre à tous ceux qui éprouvent des difficultés à des degrés divers d'être des acteurs de leur réussite. La méthode d'apprentissage tient particulièrement compte des difficultés rencontrées **par les enfants souffrant de troubles du langage**.

Le cahier 1 correspond au programme de CE1
Le cahier 2 à celui de CE2
Le cahier 3 à celui des deux CM
Le cahier de rédaction au niveau collège

13,18 €

ISBN : 978-2-35345-040-4

Je construis les quatre opérations

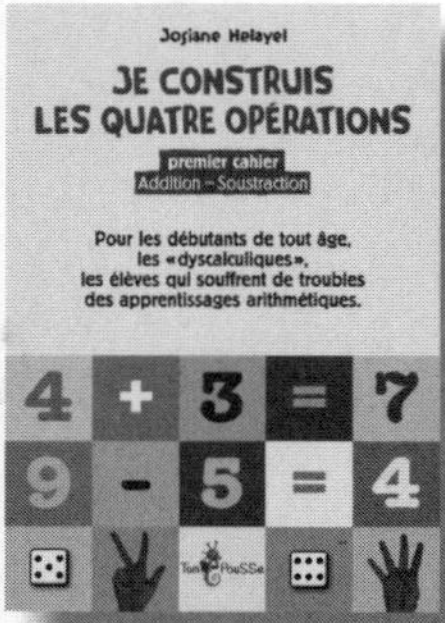

1er cahier : **Addition – soustraction**
2e cahier : **Multiplication – division** *(septembre 2014)*

De trop nombreux enfants entrent au collège en ne maîtrisant pas suffisamment les apprentissages fondamentaux du calcul et pensent être « nuls en maths ». Or ce n'est pas une fatalité et cela n'a rien à voir avec un problème d'intelligence.

Je construis les quatre opérations.
Pour les débutants de tout âge, les "dyscalculiques", les élèves qui souffrent de troubles des apprentissages arithmétiques, par **Josiane Hélayel**, co-auteure de ***100 idées pour aider les élèves « dyscalculiques »***. Deux cahiers pour assurer définitivement les bases de l'arithmétique.

Prix : 13 € ISBN: 978-2-35345-112-8

Scolariser un enfant avec autisme

Cette scolarisation est loin d'être évidente, mais ni les enseignants dits « ordinaires » qui accueillent aujourd'hui des élèves avec autisme dans leur classe, ni les AVS ne sont la plupart du temps pas préparés à accueillir ces enfants, dont le fonctionnement leur paraît déroutant. Pourtant, un accompagnement adapté permet de compenser en partie le handicap. Et comme les autres, les enfants autistes ont besoin d'apprendre dès l'école maternelle. Ce « manuel pédagogique » concerne aussi les parents soucieux de suivre la scolarité de leur enfant et de comprendre les problèmes qu'il rencontre à l'école.

Élisabeth BINTZ *s'appuie sur son expérience d'enseignante spécialisée puis de conseillère pédagogique et d'inspectrice dans l'Adaptation Scolaire des élèves en situation de Handicap, pour donner des repères aux enseignants « ordinaires » qui doivent aujourd'hui accueillir des élèves avec autisme ou TED dans leur classe.*

ISBN : 978-2-35345-106-7 Prix : 14 €

Pour consulter l'ensemble de notre catalogue et feuilleter nos ouvrages sur notre site internet
http://www.tompousse.fr/
et
www.tompousse.fr/100idees/

Mise en page : Jean Debouverie
Direction éditoriale : Alain Royer et Jérôme Bessac
ISBN : 978-2-35345-116-6
Dépôt légal : Mars 2014
Imprimé dans l'Union Européenne
Imprimerie Pulsio